ORATORIA

ORATORIA

Los pasos que nunca le contaron

ISBN 978-84-09-31767-7
Registro de propiedad intelectual 09/2022/830.
Editado en España. Todos los derechos reservados.

Diseño y maquetación: Santiago Buitrón Chávez.
QR Música de Óscar Esplá y Triay (Serenata Aitana)

A mi hijo Ramón,
por sus preguntas que requerían respuestas.
A Francisco José Moya y Faz,
por su visión y ejemplo.

ÍNDICE

PRÓLOGO

Preparar la presentación de una conferencia tiene muchos puntos en común con el arte de la guerra, con el Cuerpo de intendencia, responsable de tener "a punto" cuánto se requiera: desde la alimentación, combustibles, hasta conocer los pasos del enemigo. Tan determinante es que desde hace años también es un "Cuerpo de armas", no sólo es cuestión de arrojo ganar una batalla. Organizar previamente todos y cada uno de los pasos a dar está al mismo nivel que la preparación y valentía del soldado. De todo cuanto decimos son bien conocedores desde los grandes cantantes hasta los políticos. Toda comunicación requiere un previo "mágico". De eso trata el libro.

Damos tanta importancia al texto a impartir que a veces dejamos al azar, nuestra presentación, preparación previa, generación de preguntas, la energía que requerimos y hasta el éxito. Reflexionar sobre aquellos silencios de las anteriores que me van a permitir evolucionar. No existen dos conferencias iguales, dado que ni el público ni la ciudad son los mismos y no pensemos que es una cuestión de condicionar, de que la "sartén la tenemos por el mango". No nos engañemos, ellos son los que determinan y por nada del mundo podemos dejar al azar su resolución, además de que sabemos por experiencia que según hayamos empezado el resultado en el auditorio será nuevo. Por ello no es un accidente que, según nuestro estado de ánimo y diseño de nuestra presentación, suceda que la reacción del auditorio "nos conduzca" a un fin determinado. Esta es una de las razones principales que nos hizo crear este libro.

Usted puede estar seguro de cuanto dice, pero conocer lo que el público esté escuchando, interpretando en ese momento es ardua tarea. Escuchamos según pensamos. Por eso queremos que domine el euestrés, cómo mantener una respiración correcta y relajarse. ¿Qué decir en esos momentos en que va a tomar la palabra por primera vez para presentarse y frente a usted tiene a su público expectante? Cómo en resumidas frases informar del contenido de su discurso y acto seguido; saber decirlo, escogiendo los puntos fundamentales. Y por supuesto; concluir. Cerrar el discurso. Su broche de oro. Trasladar todo cuanto quiere decir a una presentación en PowerPoint, y hasta ser un generador de preguntas.... y saber responderlas. Enseñarle a informar y a lucirse. Partir –a ser posible- del conocimiento previo de los asistentes, sonreír y conseguir ser parte del grupo para alcanzar su aceptación.

Esta es la realidad que nos ha llevado a la creación de este libro. No es suficiente centrarnos en el apartado de "hablar", "comunicar". Precisamos conocer y dominar aquellos pasos anexos al texto, que son en cierta medida los que van a ir conformando, determinando aquello que el público en el momento de concluir dirá que ha recibido. A veces, apuntando tan solo; me ha gustado. A veces, definiendo aquella idea que tenía en mente.

Hablar bien en público es caminar con ventaja, dado que quien lo lleva a cabo, siempre obtiene la satisfacción de haber transmitido cuanto anhelaba; aportar valor, reconocimiento ante sí mismo y los demás. Es una privilegiada ocasión para crecer y estar en armonía con uno mismo. Pero bien sabemos que para "conectar con el otro" no es suficiente con crear el más bello de los discursos y decirlo tal cual.

A lo largo de sus distintos capítulos iremos desgranando el mejor método de llevarlo a cabo, actuando con herramientas acordes a caracteres y personalidad. Dar una conferencia, o exposición en una Sala de Juntas -aunque en muchas circunstancias se lleve a cabo en un escenario- en modo alguno quiere decir que se tenga que interpretar. Comunicar, es hacer acopio de fuerza interior y equilibrio entre su conocimiento, querer hablar, ilusión y respeto.

Con las herramientas que vamos a mostrarle y su firme entrenamiento, podemos presagiarle el éxito buscado. Le confirmamos que transmitirá:

- Honestidad y credibilidad.
- Interés del auditorio; incremento de la escucha activa.
- Convencimiento.
- Adquisición de conocimiento de cada uno de los asistentes.
- Y en el mejor de los casos, modificar percepciones ajustadas a su realidad. Influir como consecuencia.

PREVIO

Queremos partir diciendo que toda comunicación debe ser clara, concreta y concisa.

1. **Clara,** en su aceptación de que sea limpia, que se distinga bien.
2. **Concreta,** es decir, solo las palabras necesarias, indispensable para el fin que nos hemos propuesto.
3. **Concisa**, que tenga la suficiente brevedad y economía de medios en el modo de expresar un concepto con exactitud.

El discurso que vamos a preparar lo vamos trabajar con palabras que aviven estímulos con el fin de provocar emociones, porque si hay emoción; hay recuerdo.

Dentro de los distintos lenguajes trabajaremos tanto el verbal como el no verbal, y aunque el primero —es decir el verbal- no ocupa más del 7% de toda comunicación, no por ello deja de tener su lugar preeminente; hay que hablar, es nuestra forma de decirle al mundo lo que somos, queremos, e influenciarle, pero por supuesto que debemos seguir reglas. Nos referimos a ellas:

Primera:

Si quiere influir en los demás, los demás tienen que importarle. Solamente cuando el otro sienta que es cardinal para usted, recomenzará en ese momento a orientarse en su dirección, inclusive hasta a dejar ese pensamiento con el que se estaba recreando en ese momento. Empezará a ser receptivo a cuanto diga. Pero dependerá de usted dar el primer paso. Prácticamente todo depende de usted. Debe estar convencido del interés que es para el auditorio su discurso. Si usted no se lo cree; mejor no empiece, su pensamiento es lo primero que van a recibir los asistentes (Giacomo Rizzolatti. Neuronas espejo. Hablaremos más adelante sobre ello). Este es un libro que hemos creado precisamente para mostrarle esos pasos que jamás le contaron.

Segunda:

Toda exposición deberá presentarla de manera ordenada y lógica en su forma e ideas. Con una estructura clara, opiniones encadenadas, y discurso vehemente, para que el interés del receptor sea completo y tener de esta manera el éxito asegurado. Para alcanzarlo, su discurso debe contener tres piezas esenciales: introducción, desarrollo y resumen.

Introducción: Breve resumen de todo cuanto se va a hablar. Es decir, después de haber creado su discurso, tendrá que volver a empezar, creando sobre lo ya escrito, una exposición de los apartados clave, con el fin de que el oyente en ese corto espacio de tiempo pueda obtener una idea clara y abreviada de cuanto se va a tratar.

Desarrollo: Así es, ahora irá desarrollando, llevando a cabo de la forma más concreta y completa, todos los pormenores de cuanto se ha dicho en la introducción, con el fin de que al finalizar "este todo dicho". Lo que se desea transmitir haya sido "volcado" al auditorio.

Resumen: Si, imprescindible hacerlo. Toda la información ya la ha transmitido, pero eso no quiere decir que usted ha finalizado el discurso. Usted lo podrá dar por clausurado cuando repita lo más significativo de cuanto ha hablado. Aquellas ideas que desea queden grabadas en los asistentes, dejando constancia en el auditorio de lo que quería transmitir. Persistencia en cuanto de lo que dijo que iba a hablar, lo ha dicho.

Tercera:

Debe sentirse experto sobre aquello que quiere transmitir, hablando solo de lo que sepa. Saber de lo que va a departir siempre será su mejor aliado. Crear un texto emotivo para que sea sentido; grabado. Podemos olvidar lo que escuchamos, pero siempre recordaremos como nos sentíamos mientras escuchábamos. Domine aquello de lo que va a hablar. Conozca –a ser posible- el deseo final del auditorio.

Cuarta:

Se va a tener que entrenar en "cómo" lo va a decir. Ensayará frente al espejo. Hará una exposición ante su mejor amigo. Su lenguaje corporal debe acompañar a la palabra. No basta con saber de lo que se va a hablar ni que sea de interés para los otros el discurso, sí a esas palabras no le acompaña el cuerpo. El cuerpo es la sal de la palabra; su potenciador natural. Es el que nos permite seguir hablando hasta en los silencios.

Quinta:

Cuando finalice el libro, llegará a mostrarse como lo que es, un ejemplar único. Sin necesidad de imitar, intentar ser otro. Tan solo usted… mejorado.

ROMPIENDO EL "DESASOSIEGO" A HABLAR EN PÚBLICO

Es muy probable que lo primero que le va a aparecer ante el hecho inminente de una presentación, y hasta en el propio instante de la presentación en sí, sea el miedo, ansiedad, estrés en resumidas cuentas. Dada la realidad, a través de estos apartados vamos a enseñarle a aprender a controlar, dominar la situación, y le vamos a ayudar hasta alcanzarlo. Aun así, queremos informarle que ocurra cuanto le comento es lo más natural, forma parte de nuestra naturaleza. El miedo va inherente con la exposición. Todo orador es portador de esta turbación en los momentos previos al encuentro.

Por ello nuestro objetivo va a ir encaminado a dar sentido a su deseo de comunicar, y le vamos a proporcionar todas las herramientas. Que al finalizar pueda percibirse como el ganador de éxito que es; que lleva dentro. Con este objetivo vamos a hablar antes que nada sobre el euestrés, y demás herramientas para controlar el estrés.

1.1. Euestrés.

Porque antes que haga acto de presencia la ansiedad, ese "miedo" entrecomillado, en nosotros habita el euestrés. Ese estrés positivo exclusivo del hombre. Qué nos mueve, nos hace ser y crecer colmándonos de energía y vida. El motor que nos facilita hacer lo que hasta ayer no existía. La energía fundamental "recién salida de la nada". Ese es el estrés que nos hace familiar, amigo, atrevido e inclusive en muchos casos hasta extrovertido. Estamos hablando del euestrés.

En su génesis, cuando usted empezó a prestarle más y más atención a ese pensamiento de hablar en público, lo primero que le apareció fue el deseo de hacer, de manifestar, transmitir un conocimiento. Ser el centro de aquel grupo y ayudar. Ante usted empezaron a aparecer todas aquellas imágenes que socialmente comprende nuestro estereotipo. Este genial ordenador que es nuestro cerebro hace, rehace y engrandece el deseo que la atención propone cargándolo de vehemencia, de energía –la atención es energía- hasta llegar a alcanzar en el cuerpo un cambio físico. ¡Usted ya se ve ante el público, subido al estrado! Le gusta, sigue cargándolo de energía y todo su ser comienza a orientarse para alcanzar el objetivo. Le está ocurriendo algo maravilloso y es que su cerebro siempre orientado a sus deseos, a lo que considera es su razón de ser/hacer, se ha puesto en funcionamiento para ayudarle a alcanzar lo que con tanta vehemencia desea. Un pensamiento, y la atención que es pura energía insistiendo sobre él, le puedo asegurar que con estos ingredientes son más que suficientes para que su cerebro forje el milagro. Ya que estamos hablando de pensamientos y aunque es para otro tema, también le digo que tenga mucho cuidado con lo que piensa de manera vehemente, procure que sea para su bien, pues su cerebro siempre luchara por todos sus medios para que lo consiga.

Sigamos. Está viviendo los momentos en que acaba de hacer aparición el estrés positivo, el que hace que sus pulmones incrementen frecuencia pues todo su ser le está reclamando oxígeno, a la par que las arterias se dilatan haciendo fluido el tránsito mientras el corazón incrementa el bombeo para un feliz y fluido riego neuronal. ¿Y todo esto por qué ha sido posible?, porque cada vez que sentimos una necesidad feliz y vehemente de hacer cosas, nuestro hipotálamo genera oxitocina -del griego ὀξύς oxys "rápido" y τόκος tokos "nacimiento"- depositándolo en el torrente sanguíneo para que pueda cumplir con su misión de alcanzar los órganos diana.

El tener un pensamiento claro, una meta, provoca en nuestro cuerpo todos estos cambios que podemos traducir como felices, alegres y con "nervios". Nos sentimos dichosos, puede que inseguros –lógico pues es una novedad, un paso más hacia adelante - y como de todo ello nuestro ser es consciente, esta hormona que ante un claro deseo, una orden dada con firmeza, ha sido capaz de revolucionar el cuerpo, consciente de que necesitamos ayuda del grupo, a la vez actúa como un facilitador social, predisponiéndonos al contacto con el otro, transformándonos en unos seres más sociables y predispuestos a solicitar ayuda. Si, el euestrés nos hace comunicativos, fuerza el azar, empuja a nuestro cuerpo a contactar con el otro.

A continuación, queremos destacarle las tres manifestaciones que se llevan a cabo en el transcurso de ese tiempo previo a hablar en público:

1.1.1 Contacto físico.

Su segregación provoca que irremisiblemente, anhelemos el contacto físico. Necesitamos estar cerca de los otros, escucharles, interesarnos por todo cuanto les ocurre en su vida cotidiana, realidad que provoca en ellos un interés de la misma carga hacía nosotros, al incorporarse un nuevo elemento; las Neuronas Espejo. *Hablaremos de ellas en el capítulo de Lenguaje no verbal.*

1.1.2 Empatía.

Mejora nuestra empatía, nuestra capacidad de identificarnos con el resto, lo que hace que empecemos a ser personas interesantes para ellos. Ya hablamos que cuando los otros saben que les importamos, empezamos a ser importantes para ellos. Lo hermoso de este proceso es que lo llevamos a cabo de manera inconsciente.

1.1.3 Afectividad, amor.

Aumenta nuestra disposición a ayudar a la gente que nos importa, a la vez de que ese ancho de banda de sujetos empieza a aumentar de forma exponencial. Nos volvemos más reflexivos y el otro más comprensivo hacia nuestros intereses. Nuestras manifestaciones son más afectivas, provocando una gratificante reciprocidad.

Como estará pensando, liberar oxitocina nos mueve, nos vuelve más comunicativos. *En el capítulo ANEXO le ampliamos para su interés información sobre sobre los beneficiosos efectos de esta hormona.* Es la que nos empuja a buscar ayuda, a manifestar al otro nuestras preocupaciones y necesidad de ayuda. La oxitocina es un facilitador de apoyo mutuo. Ante cualquier reto siempre será nuestro facilitador. Tiene una actuación directa sobre el organismo, incide sobre el sistema cardiovascular, ayuda a que los vasos sanguíneos estén dilatados a lo largo del tiempo que dura este estado. Regenera al corazón saliendo siempre fortalecido después de esta actividad. Y es que el euestrés es vida, cambio y regeneración. (Zak, P.L. (2012). Con relación al resto del cuerpo, al ser un antiinflamatorio natural, es un colaborador de nuestro sistema inmunológico. Quizás de ahí esa exquisita relación entre misioneros y bajo contagio con epidemias en países de misión. Pidamos ayuda cada vez que lo necesitemos, así como acerquémonos al otro que en estado de euestrés busca apoyo. Con esa conducta una nueva liberación de oxitocina estamos generando para nuestro bien. Prodigiosa la respuesta bidireccional. Nos vuelve saludables por el solo hecho de ejercerlo. Ayudar a los demás crea resistencia y resiliencia.

Acabamos de crear lo que denominamos "la biología del coraje". Decidimos que necesitamos hablar en público, comunicarnos con otros sujetos, y al unísono nuestra hipófisis; crea. Proporcionándonos la fuerza para lanzarnos. Nos facilita generosas imágenes a nuestra medida para agrandar nuestra confianza para continuar, estableciendo en el otro una predisposición a la receptividad a través del perfil que ofrecemos. El éxito ante el contacto está asegurado. Hemos, estamos creando resistencia a cualquier pensamiento negativo que el auditorio pueda generar, que nos lo devuelva y "enviarnos a la ruina". Ha sido nuestra actitud la que ha predispuesto al auditorio hacia nosotros. Este enfoque jamás se nos había planteado. El euestrés nos hace tomar conciencia de todo el cuerpo, al ser éste el que en todo momento se está manifestando alegremente. Como motor central nos da acceso al corazón, que se reconforta en el equilibrio. El vivir de esta manera el euestrés, nos lleva a la aceptación y a la confianza ante cualquier reto, a la par que nos recuerda que el éxito solamente será posible con la ayuda del otro. Nos hace agradecidos; humildes.

Como estamos viendo, para la salud lo mejor es trabajar en algo que tenga significado para nosotros y lo hayamos puestos como meta. También lo podemos decir en otras palabras: hacer aquello que tenemos que hacer, ejercer nuestra voluntad; ser nosotros mismos, y acto seguido confiar y actuar. La propia retroalimentación nos ira premiando.

Todo aquello que le pueda proporcionar gozo va a generarle euestrés. Es la gasolina que necesita nuestro corazón, la que dilata nuestras venas, la que orienta al otro hacia nosotros, y a nosotros -no importa su carácter- hacia él. El no alimentar esta tendencia, el abortar este nacimiento, cambiar de pronto de actitud, corresponde a su otra cara, su reverso. La somatización de toda esa energía y su contenido.

1.2. Respuesta biológica negativa.

Respuesta tomada de Dr. Ángel Escudero Juan (2018) Aparece cuando la mente, quizás inducida por el espíritu del tiempo, genética, o miedo a los otros, hace que tomemos la decisión de no continuar… terminando por somatizar esa energía, esa ilusión, ese crecimiento que él mismo se había solicitado para seguir creciendo. Quiere olvidarla, huir. Tal vez le da miedo. No quiere saber nada y abandona, abriendo la puerta al "sueño", a vivirlo en el plano virtual. Pensamientos que en palabras del Dr. Escudero *producen: malestar, desasosiego, intranquilidad, infelicidad y enfermedad.* Respuesta manifiesta de nuestro organismo a toda esa serie de pensamientos "desastrosos", visualizaciones que el sujeto ha ido acumulando, y recreando hasta llegar a manifestar angustia, recelo o aprensión por el posible fracaso que va a cosechar en cuanto salga al estrado y comience a hablar. Está en la frontera de la indecisión, a punto de pasar a la rendición.

Estamos hablando de ese estado que calificamos de miedo, de la fase en que perfectamente el sujeto puede y decide anular toda toma decisión y raciocinio. Si a este estado, incorporamos algo tan parejo como es la vergüenza; por no dar la talla, humillación o timidez, podemos afirmar que acaba de entrar en escena la huida, -en nuestro caso *vergüenza de hablar en público-* y nuestro cerebro, para la huida, también tiene su respuesta: catecolamina por parte del hígado, retirada de sangre en piel, reducción de la sección de las venas, boca seca y cortisol.

También podríamos decir que es el estrés de la enfermedad, de la depresión, hoy ajeno a usted, dado que si está leyendo este libro es porque tiene el firme propósito de ser fiel a su sueño, de comunicar al mundo aquello que se requiere. Antes de continuar queremos decirle que el miedo a hablar en público, es el más común de los miedos. Le diremos que está a la cabeza de la lista de miedos más frecuentes, y que no ha habido gran orador que no haya experimentado esta sensación. Por ponerle un ejemplo queremos recordar a nuestro Premio Nobel de Literatura, Premio Miguel de Cervantes y Premio Princesa de Asturias de las Letras, Camilo José Cela y Trulock (1916-2002), siempre confesando antes de sus conferencias de aceptación de estos máximos galardones, del agarrotamiento que sentía en las piernas a lo largo de todos sus discursos. El estar nervioso con sus manifestaciones más características: sudor y palpitaciones, también son normales, así como, por otra parte, la predisposición –simpatía- del público a identificarse con el orador. Recuérdelo, esta manifestación es propia del euestrés (estrés positivo). Así que confíe, actúe con fe y ponga en práctica cuanto le aconsejamos en este libro. Sea natural –a través de este manual le vamos a enseñar a serlo- y no le importe lo que en principio usted crea que es una equivocación. Los mayores arrepentimientos corresponden a aquellas acciones que no hicimos. Le recordamos que usted se encuentra bajo los efectos del estrés positivo; está pletórico de energía, y haciendo aquello que más desea hacer en ese momento. Para ello:

- **Primero:** Lo principal a alcanzar es la confianza, y el requisito para conseguirla es estar seguro de lo que va a hablar.
- **Segundo:** Haber preparado una y otra vez el tema a exponer.
- **Tercero**: Estar relajado. Su estado físico y mental debe ser óptimo. Para alcanzarlo, nada mejor que después de un buen entrenamiento sobre el texto que se va a transmitir, acompañarse de una buena relajación. En un próximo capítulo hablaremos de ella.

Es decir, que para romper el miedo solo necesitamos:

- **Un texto bien estructurado.** *Qué es de lo que también vamos a tratar en el presente libro.*

- **Saber cómo lo vamos a presentar, a exponer al público.** *Tema que vamos a tratar con todo detalle; consistente en empezar dando un resumen, seguido de su desarrollo, finalizando con un repaso de los puntos clave de que trata su conferencia, y que en todo momento nos apoyaremos en esta regla mnemotécnica:*
    - *Decir que se va a decir.*
    - *Decirlo.*
    - *Decir que se ha dicho.*

- **Energía.** *Toda comunicación tiene que iniciarse con energía, con énfasis. Con un tono de voz más levantado de lo normal, y manteniendo el* **contacto ocular** *con todos los asistentes. Necesitamos que sientan que es a ellos a quien estamos mirando, que solo ellos son los que nos interesan.*

- **Brevedad en el contenido.** *Llevar a cabo la máxima sintetización de cuantas ideas vamos a transmitir.*

El auditorio necesita conocer "de que va" el tema a tratar, el sucinto resumen de cuanto se va a hablar para en función de ello estructurarse su programa mental ad hoc de su base de datos almacenados en las "distintas carpetas de su cerebro"; estudios, lecturas, dudas y expectativas entre otras que le van a servir de ayuda en la comprensión de su discurso. Este hecho va a generar un incremento en la atención, realidad que nada más llegar al estrado, la va a percibir como: orden, equilibrio, tranquilidad en los asistentes, sintiendo al unísono como su cuerpo queda henchido, pletórico de confianza y ganas de continuar. Acaba de conquistar a la audiencia.

1.3. Ejercicios para erradicar el miedo escénico.

Necesitamos que esté relajado en todo momento. Antes de hacer acto de presencia deberá ejercitarse con una respiración lenta y profunda –su cerebro debe estar correctamente oxigenado-, mantener cortos paseos, y custodiar en todo momento la imagen que en los ejercicios de relajación le vamos a ayudar a forjar. A continuación, le entregamos los recursos de control. Hablar bien en público requiere de calma y una buena dosis de memoria.

1.3.1 Respiración.

Una buena salud (vigor, inmunidad, resistencia, ánimo, etc.), es el producto equilibrado de todo aquello que hacemos para estar conformes con nosotros mismos. En el caso que nos ocupa, vamos a trabajar con una herramienta que nos va a permitir iniciarle en el arte de una correcta respiración y relajación como elemento de ayuda. Ser un buen orador implica también una correcta respiración. Nuestro cerebro necesita máxime en esos momentos previos, estar muy bien oxigenado. Nuestras células neuronales requieren el doble de oxígeno y glucosa que el resto del cuerpo, por ello demandan el doble de riego sanguíneo. Lo primero que va a aprender es a oxigenar debidamente su masa encefálica mediante ejercicios. Son tres los que les presentamos. Acostúmbrese a ejercitarlos. Con todo detalle los tiene a su disposición en el capítulo de ANEXO.

1.3.2 Relajación.

La relajación es una herramienta clásica en psicología que los profesionales utilizamos en la mayoría de los distintos tipos de intervención. Su difusión y demanda ha llegado de la mano del malestar psicológico que los actuales modelos de vida; estrés, ansiedad, contaminación acústica, y la prisa han provocado. La tarea que vamos a realizar, consiste en una serie de estrategias de activación mental y ejercicios respiratorios que nos van a facilitar la toma de conciencia de nuestro cuerpo, acompañado en todo momento de una experiencia consciente de bienestar, calma y seguridad. La relajación es un estado que libremente buscamos con la intención de descubrir niveles de alegría, felicidad y paz, para después actuar. Una forma de "hacer maniobras" previas. Ensayo general. Cómo herramienta de relajación vamos a utilizar una técnica sofrológica herramienta y denominación creada por el neurólogo y psiquiatra Dr. Alfonso Caycedo Lozano (1932-2017). Su práctica diaria va a hacer de facilitador, difuminando aquellos pensamientos negativos que bloquean nuestro progreso.

Previo a este inicio de preparar nuestro cuerpo para la relajación, y siguiendo las aportaciones del Dr. Escudero en el tratamiento del pensamiento, pondremos nuestro cuerpo en *Respuesta Biológica positiva*. Cada pensamiento enriquecido con la atención suficiente, comentamos qué es capaz de crear a tu alrededor aquello que deseas, bien sea para bien o para mal. Se cumple. Es uno mismo quien busca tanto el éxito como el fracaso. Cada pensamiento es un programa en la computadora biológica de nuestro cerebro que nos permite cambiar casi todo lo relacionado con nuestra salud y calidad de vida. Al prestar atención a un pensamiento le estamos facilitando las herramientas, el poder de crear. Para ello el Dr. Escudero nos aconseja un sencillo ejercicio consistente en mantener la boca húmeda, llena de saliva. ¿Por qué se preguntará? La respuesta está en que con la boca húmeda: *Mejoramos la circulación de la sangre, normalizamos el metabolismo y la nutrición de cada célula de nuestro cuerpo, especialmente las del cerebro, experimentando sensación de relajación y autocontrol. Tener la boca llena de saliva significa* que nuestro cuerpo está funcionando en un predominio vagal de tipo muscarínico, que es opuesto a lo que produce el estrés. Por ello a esta situación el Dr. Escudero la denomina Respuesta Biológica Positiva (RBP).

Muchas veces es nuestra peculiar forma de pensar la que va a condicionar el éxito de cualquier tarea, por lo que no solo es suficiente el que, a través del juego de representar un papel, aprendamos nuevas conductas. Si perdemos la calma, el "traje anterior/nuestra conducta de ayer" va a estar aún durante un tiempo ahí, esperándonos para que en el primer quite se lo vuelva a poner de nuevo y así, de esta manera, poder representar una vez más, el papel que le está hiriendo, brotando a la vez, apareciendo en escena ese estrés negativo, ese que le puede llevar a la más triste de las venganzas; la llevada a cabo contra uno mismo. La relajación como herramienta de trabajo nos va facilitar los objetivos propuestos; por ello la hemos incorporado dentro de las tareas a realizar. Es un ejercicio que debemos practicarlo todos los días y a ser posible a la misma hora, con la finalidad de poder incorporarlo como una conducta más de nuestro repertorio. Adquirir este hábito nos va a aportar los siguientes beneficios:

- *Reducción, control de ansiedad.*
- *Equilibrar la tensión arterial.*
- *Descanso más profundo.*
- *Aumento de memoria y capacidad de concentración.*
- *Facilitador de conductas deseadas.*
- *Superior oxigenación.*
- *Aumento del nivel de energía.*

Las pautas a llevar a cabo, al igual que los ejercicios de respiración, las tiene a su disposición en el capítulo ANEXO.

EL TEXTO
Si quiere estar inspirado, siéntese y empiece a escribir.

Debe que estar listo. Hay que empezar ya. Se encuentra en la fase más aislada e íntima. Dónde tiene que sentir que necesita transmitir algo que en su opinión es importante para los demás y el no llevarlo a cabo, sería considerado como un fracaso personal. Hecho que le estaría obligando a reconducir la emoción generada por ese fracaso -fruto del deseo no realizado- hacia su somatización, manteniéndola a su vez a través del razonamiento, dada la necesidad de justificar el no haber realizado lo que tanto se ha anhelado, con el consiguiente deterioro físico y, estancamiento personal. El estar preparado es crucial, y cuenta además con la ventaja de que está en el camino. Empiece con el discurso. Coja papel y lápiz y empiece a escribir cuanto quiere transmitir.

Empezará por escribir sus ideas; no importa que sean sueltas. Solo aquellas que le genere la mente y en ese momento tiene sentido, porque usted sabe de lo que quiere hablar. Imagine que es un discurso a llevar a cabo entre amigos. Qué fácil, con que soltura nos desenvolvemos ahí. Vaya creando la primera estructura; lo que quiere decir. Comprobará como casi de inmediato el mismo texto le ira configurando la conferencia, el cuerpo necesario, todo cuanto quiere decir; buscar referencias, apuntalar datos, internet, libros de la biblioteca, apuntes, hasta finalizar con la conclusión. Pero vamos a ir paso a paso.

Al escribir debe tener siempre en mente tanto su objetivo como al público a quien va dirigido. Pregúntese ¿lo que yo quiero transmitir le interesa al público? ¿Realmente qué quieren, que les interesa? Por ello, al margen de lo vital que es su punto de vista, empiece siempre acompañado de la suficiente información sobre los anhelos del público a quien va a dirigir su charla. Debe adaptarse al receptor. Pensar de esta manera nos va a encauzar, determinar en cierta manera la forma de exponer el contenido, evitándonos divagaciones. Procure una continuidad entre las frases, entre los puntos a tratar. La continuidad es necesaria. El corte no puede existir en una conferencia. Al auditorio no se le debe forzar a que su mente se ponga a trabajar haciendo ejercicios por intentar seguir al conferenciante. Toda nuestra labor deber ir orientada a que las ideas y las palabras clave, estén siempre casadas, con suficiente capacidad de fomentar imágenes en las mentes de los sujetos, y siempre que le sea posible despertando emociones, produciendo despertar interés, atención; memoria entre los asistentes.

Tanto mientras escriba como al revisar, recuerde: diga lo que quiere decir, sea breve, relea, cambie y anule textos tantas veces como lo considere necesario. Le adelanto que lo va a hacer muchas veces. Sobre los argumentos, hable solo de los que para usted sean los más definitivos, y una vez que así lo considere, si tiene la oportunidad: delo a leer a sus mejores amigos y recoja su opinión.

2.1. Estructura. Cómo vamos a organizarla. (Toda comunicación requiere preparación)

Aunque sabemos de lo que vamos a hablar y cuando lo hacemos con los amigos o para nosotros mismos comprobamos todo lo bien que funciona, también somos conscientes de que su contenido para su defensa, precisa de una estructura que de coherencia; orden al discurso. El auditorio va a aprender. A percibir una realidad.

Mientras escribe, tenga presente que mantener la atención es muy difícil, por lo que cuanto más orden y coherencia tenga nuestro discurso, más probabilidad tenemos de que la información llegue al receptor. El éxito de toda conferencia debe componerse de los siguientes elementos:

a) **Para nosotros debe tener "valor" Nos tiene que gustar.**

Gustar y valor nos va a dar fuerza, alas y, esa porción

de emoción se la vamos a trasmitir al público, con lo que ya empezamos a tener por parte del auditorio un rango de interés, de atención. Sobre las distintas formas de conocer, convencerse uno en cuanto a "valor" y "gustar", nosotros utilizamos la consistente en repetirlo, imaginarse en el discurso verbalizando el texto. ¿Le ha convencido lo que dice?; pues continúe.

b) **Aquello de lo que vamos a hablar tiene que "emocionar".**

Dejó escrito Antonio Machado (1875-1939): *Sólo recuerdo la emoción de las cosas*. También Aristóteles (2005) en su Libro II de su Retórica consideraba necesario incorporar las emociones o pasiones en el leguaje del orador con el fin de predisponer al auditorio con la finalidad de alcanzar la persuasión, favoreciendo de esta manera la resolución de conflictos. Rousseau, 2006. 17-18) decía que la emoción, la pasión en la palabra, el componente emocional en el lenguaje era necesario para la comunicación. Escribía: *el origen de las lenguas no se debe en absoluto a las primeras necesidades de los hombres; ¿De dónde pues puede venir este origen? De las necesidades morales, de las pasiones…. no fue el hambre ni la sed, sino el amor, el odio, la piedad, la cólera, los que les arrancaron las primeras voces.* Aquí el autor, aunque sin nombrarlo nos está remitiendo a Aristóteles.

c) **Lo que hablemos debe tener un orden, un ritmo, un compás permitiendo al que escucha, experimentar la dulce pasividad que produce esa disposición encadenada de las ideas.**

El orden es hermoso y su belleza invita a no reflexionar, a aceptar lo escuchado por bueno. Es la misma experimentación que nos proporciona cuando estamos contemplando una danza o un desfile. La belleza lo es, precisamente por ese orden, ritmo que encierra. Y otro punto importante, facilitamos la dulce capacidad al auditorio de que vaya adelantándose con lo que se va haciendo. El auditoria debe percibir ritmo y coherencia. De todo esto seguiremos hablando una y otra vez en el presente libro.

d) Una meta.

Debemos tener presente el espacio a donde pretendemos llegar. Es una pregunta que todo orador/comunicador requiere hacerse a la hora de crear su discurso desde el momento de empezar a escribir. ¿Por qué quiere decir lo que quiere decir? Cuando se haga la pregunta procure estar pensando en "su público", en cómo piensan y cuáles son sus intereses. ¿Qué pretende haber conseguido cuándo termine de hablar? Con la respuesta a estas preguntas ir conformando el discurso. Como guía mnemotécnica ayúdese al inicio con preguntas que sean verbos, para después pasar al desarrollo del discurso. Responder a un verbo nos obliga a ser concretos. Pongamos posibles ejemplos de inicio: *Hoy quiero* **convencerles** *de…. En esta ponencia me gustaría despertarles* **amor** *hacia lo que yo…. Hoy quiero que introyecten la importancia del* **estudio** *para….* Si estoy aquí hablándoles es porque *pienso que Tenemos que* **cambiar** *para….* En cuanto a frases siempre procure que contengan carga emotiva. Es mucho más sencillo y persistente que recuerden si nuestras palabras conllevan una carga emotiva; con imágenes. Según se piensa así se interpreta lo que escuchamos.

2.2. Brevedad.

Después de la **estructura**, el segundo punto a tener en cuenta es la brevedad de cuanto queramos transmitir. *"Lo breve bueno, dos veces bueno"* Baltasar Gracián y Morales (1601-1658). **Breve** y siempre apoyándonos en **ejemplos, pequeñas historias** que tanto incrementan la atención y memorización del discurso.

Debemos ser capaces de sintetizar al máximo todo cuanto queremos transmitir, con palabras que permitan abrir las puertas de la imaginación. No le "de pena" tener que descartar esos párrafos que tanto sudor le han costado.

2.3. Título.

Tenemos una idea de lo que queremos transmitir. En la cabeza bullen nombres para el título, a veces termina siendo el que pusimos en su génesis, pero quien lo va a determinar definitivamente es la síntesis de cuanto hemos escrito. Por eso a veces va cambiando a medida que avanzamos. Mientras lo estamos creando y de ahí que incorporemos subtítulos en él. De lo que no cabe duda es que es importante.

Para conformar al grupo, crear una predisposición en sus pensamientos hacia lo que queremos transmitir, orientando de esta manera sus tendencias; nada mejor que **el título**. Su nombre, al ser leído, según la biografía de cada asistente es el que determina su interés. Así que una vez que ya tenemos más/menos las ideas escritas nuestro siguiente paso consistirá en revisar el nombre de nuestro discurso. De nuevo insisto en que no se agobie mucho por ello, posiblemente lo cambiará más de una vez, y/o creará subtítulos. De lo que no cabe duda es que es el imán que ordena las virutas de hierro de nuestros dispersos pensamientos, permitiendo al cerebro seleccionar la carpeta afín con el discurso para que sea está la que se pueda enriquecer de la nueva información a recibir. Escuchar aquello en lo que previamente "ya conocemos", enriquecer flecos o sorprendernos con algo nuevo. De lo que está claro es que cada sujeto ante nuestro texto va a obtener su particular interpretación, dado que vemos, escuchamos según pensamos y la atención, siempre intermitente necesariamente obliga al cerebro a cubrir espacios. Es por ello que un mismo texto puede llegar a tener diversos significados. Todo en función del pensamiento de cada receptor.

El título es el elemento donde nos vamos a proyectar, por ello que no es una pura cuestión baladí. Tenemos que procurar que encierre en la medida de lo posible, el conocimiento del discurso, o por donde queremos que el público vaya interpretando, que permita explicar, tenga sentido y orden para cuando se escuche y recuerde que tiene que emocionar.

Diariamente estamos inmersos en un continuo bombardeo de palabras, frases, imágenes y preocupaciones, que para ser escuchado mientras esté hablando, necesariamente se requiere herramientas con capacidad suficiente para cambiar de orientación a los cotidianos pensamientos del que está sentado frente a nosotros. Aun así como ya hemos comentado, si en este momento no le llega el que considera "su título ideal", escriba aquellos que más le agraden en ese momento y continúe. No le preste más tiempo del que requiera, seguro que la final de la conferencia, cuando haya acumulado todo el material a transmitir, aparecerá el nombre. Ahora prosiga con su deseo.

SU EXPOSICIÓN. CONSEJOS PREVIOS

Ya ha escrito todo cuanto quiere decir. Ahora es el momento de "pulirlo", trabajarlo para que sea lo más sucinto posible. Siempre pensando en el perfil del público a quien va dirigida. El discurso es el texto, el desarrollo de nuestra idea. Todo lo que quiere transmitir debe de tenerlo plasmarlo siempre en función de su meta; de a dónde quiere llegar. Hoy va a volcar sobre el papel de la forma más coherente y vibrante posible lo que desea verbalizar; va a emplearse a fondo utilizando la retórica. Nuestro (Diccionario de la RAE) la define como *el arte de bien decir, de dar al lenguaje escrito o hablado eficacia bastante para deleitar, persuadir, convencer;* y Aristóteles hablaba de ella como la más hermosa herramienta para persuadir (López, Parada y Simonetti. 1998). En una sociedad cada vez más plural y con diferentes percepciones de la realidad esta necesaria preparación del texto es imprescindible; forzosa, bien para una negociación, resolución de conflictos, o transmisión de una verdad. De un proyecto o intención. Recuerde que usted va a transmitir su conocimiento con la mayor convicción, pero el hombre interpreta según piensa. Usted solo puede saber lo que está diciendo en ese momento, pero le va a ser imposible conocer la interpretación que el otro ha hecho de sus palabras, por lo que esta realidad requiere que lo tengamos muy bien preparado. Crear un discurso con suficiente capacidad de interpretación acorde a los intereses del que escucha, afín al Espíritu del Tiempo. De ahí la importancia de que las palabras que utilicemos sean lo más concretas posibles. Qué no den lugar a interpretaciones –doy por sentado que es eso precisamente lo que buscamos- realidad necesaria en una sociedad cada día más pluricultural. Debemos crear un texto siempre continuo, cada frase enlazada con la anterior, y así, de ésta manera hasta el final. Sin fugas. Lo sabremos que está completo, cuando al releerlo nos sintamos retroalimentados con lo escrito. "Con orgullo por haberlo escrito, sintiendo haber alcanzado un nuevo peldaño".

Ahora ¿Qué vamos a hacer con todo lo que acabamos de escribir? El texto lo tenemos completado. Contiene toda la información que queremos transmitir, pues nos encontramos en el momento de preparar *"el cómo trasladar toda esa información al público de la forma más placentera, despertando interés, facilitando su comprensión, aprendizaje y posteriores preguntas"*. ¿Cómo trasladar todo el texto que hemos creado a una presentación? ¿Cómo resumirlo de manera que todas las ideas estén expuestas, a la vez que nos sirvan de palabras clave, a modo de recordatorio para su desarrollo? No es suficiente ser un experto sobre el tema que se va a hablar, ni haber creado sobre el papel el mejor discurso, para que aquello que se ha escrito "llegue" al auditorio y alcanzar el triunfo, el reconocimiento de la sala. Así que para saberlo vamos a acercarnos a la fuente y seguir al filósofo y orador M.T. Cicerón (106 a.C.-43 a. C), el cual cada vez que concluía un texto, basándose en él, siempre preparaba toda presentación en función de las seis piezas que en su opinión todo discurso debe contener. Esto quiere decir que usted, ahora, va a dividir su discurso en seis piezas. En su honor y reconocimiento vamos a utilizar idénticas denominaciones: *Exordio, narración, división, confirmación, conclusión y confutación*. Para el apartado que estamos tratando que no es otro que la preparación de la presentación, solo vamos a trabajar la preparación de cómo vamos a exponer ese discurso que tan bien ha concluido, por lo que los puntos que vamos a desarrollar van a ser: *División, confirmación, conclusión y confutación*. Con ellos usted va a contener el discurso. El cómo va a decirlo, y cómo se tiene que presentar lo llevaremos a cabo más adelante, en: *Exordio y narración*.

3.1. **División.**

El texto del discurso que usted ha concluido, para poderlo exponer al público, debe estar contenido en una estructura compuesta por tres piezas con un mismo denominador común: las palabras clave de los pilares que lo sustentan. Idénticas frases meta en los tres apartados en que hemos dividido el discurso. La diferencia que debemos encontrar, estará en cómo lo vamos a desarrollar. Le explico, el primer punto que es en donde nos encontramos, consistirá en hablar sucintamente de todos los apartados, puntos significativos en que ha dividido su discurso, y de los cuales va a tratar. Es como si habláramos del índice de un programa. Esto es vital que sepan. El principio siempre consistirá en informar de lo que se va a hablar. Lo que pretendemos con esta vía es conseguir en pocos minutos que todo el auditorio tenga una idea clara de la trama del discurso. Qué todos los presentes conozcan los temas que va a tratar, a desarrollar. Al recibir de esta manera ordenada un resumen sobre de lo que trata una conferencia, usted va a marcar una diferencia. De todo lo que va a hablar, los pasos que va a dar, usted va a facilitar un incremento en la escucha activa por parte de los sujetos, además de acrecentar la comprensión del mismo, ya que por naturaleza el hombre solo puede mantener una atención intermitente. A este apartado del discurso nos gusta denominarlo como regla mnemotécnica: ***se dice que se va a decir.*** Y es que es de lo que se trata, de hablar de lo que vamos a llevar a cabo, decir de manera escueta de los distintos temas que trata el discurso. De las partes en que lo hemos dividido y porqué. Como se ha comentado con anterioridad, cuando finalice este punto estará dando la oportunidad al auditorio a tener un conocimiento general de la conferencia.

Le adelanto que cuando finalice con el trabajo de dividir el discurso en estos tres puntos, le va a ser muy fácil hacer la presentación tanto en un programa tipo *PowerPoint* como a nivel escrito si es así, de esta manera como se va a llevar a cabo la disertación. Para usted, también le va a servir tanto de cuadro sinóptico, como de examen de lo escrito, al facilitarle esta simplicidad descubrir posibles errores en los nexos de unión entre tema y tema de cuánto va a implementar.

3.2. **Confirmación.**

En el punto anterior escribíamos ***se dice que se va a decir.*** Ahora estamos en el punto dónde vamos a desarrollar de la forma más sucinta posible aquello que hemos confirmando con anterioridad. Vamos a escribir de lo que vamos a hablar, del contenido del discurso. Nos encontramos en el espacio donde ***se dice.*** Donde lo estamos diciendo. Ahora es el tiempo donde todos y cada uno de los puntos significativos en que dividió el discurso, y que acaba de exponer en "División", va a desarrollarlos, dejándolos claro con ejemplos y/o referencias de la verdad de cuanto se está hablado, de sus ventajas, bondades o Buena Nueva. A medida que vaya hablando, siempre al final de cada punto significativo en que ha dividido el discurso, deberá hacer un breve resumen de lo dicho utilizando palabras clave cargadas de emoción; facilitadoras de imagen. Eso también debe escribirlo. Debe dejarlo bien expuesto. No puede permitirse el lujo de dejar a su memoria esta responsabilidad; lo escribe y cuando llegue a la exposición, lo repetirá tantas veces como sea necesario. Usted necesita que todos los presentes le recuerden. Sonrían cuando recuerden sus palabras. El éxito de todo discurso no está en hablar mucho, sino en hablar justo de los puntos que está tratando. Como decimos, al ser la atención un proceso selectivo tanto cognitivo como conductual, imposible de mantener por largo tiempo en una dirección determinada, debe acostumbrarse a hacer recapitulaciones con frecuencia, de lo ya dicho, siendo imprescindible en los tiempos en que vaya a pasar al punto que a continuación se ha puesto en el discurso. Repetir puntos clave forma parte del buen afianzamiento de todo discurso. Recuerde, se encuentra en Confirmación. Regla mnemotécnica: **se dice**. Si, acaba de decirle al auditorio todo su discurso. No hay más. Pero como nos encontramos impartiendo un discurso, para nada hemos finalizado. Ahora debemos prepararnos, escribiendo, el tercer punto que desarrollamos a continuación.

3.3. **Conclusión.**

Como su mismo nombre indica, corresponde al fin del discurso. Aquí es donde usted va a dedicarse a hacer un repaso sintetizado de lo dicho. A escribirlo con todo detalle. A repetir absolutamente todos los principios fundamentales de la división que llevó a cabo desde un principio con el discurso, finalizando con una máxima o referencia significativa, y por supuesto dando las gracias. Escríbalo. En el caso de que el discurso se haya llevado a cabo con el apoyo de una presentación tipo *PowerPoint,* esta se cerrará con un texto de gracias. (Ver ANEXO) Nos encontramos en el punto en que decimos ***se dice que se ha dicho.***

Pues bien, hasta aquí todo lo que tenemos que hacer con aquel primer texto que hizo de su discurso. El texto original que archivará en la carpeta que corresponda y que posiblemente más de una vez seguirá retocando.

Aún no hemos terminado. Ahora con todo lo escrito, de nuevo hará un nuevo resumen para incorporar esta parte de su discurso, bien a la presentación tipo *PowerPoint,* o al folio que le va a servir de guía. No se sorprenda si al transcribirlo descubre que el discurso requiere cambios; a todos nos ha ocurrido.

En cuanto al *PowerPoint* huelga decir que será su cuadro sinóptico, pues serán muy pocas frases las que deberán ser escritas en cada pantalla, acompañadas –si la ocasión lo requiere- con imágenes. Como puede observar, ocurre que todo cuanto hemos escrito, debemos aprenderlo. El hecho de escribir un discurso, una clase en modo alguno quiere decir que nos "la sabemos".

3.4. Confutación.

Este es un apartado que, aunque pertenece al capítulo de la exposición, es aquí, ahora, cuando debe crearlo, trabajarlo. Por supuesto que ya el discurso lo ha terminado. Tiene escrito el adelanto de lo que va a hablar, a continuación, su desarrollo y por último el resumen de todo cuanto dijo al principio que iba a decir. Pero usted va a seguir allí, presente ante el público, pues las preguntas pueden surgir y las dudas hay que resolverlas. Es el momento donde el orador debe explicar, desarrollar, combatir, impugnar opiniones distintas a la propia, y lógicamente de manera convincente. Nos encontramos en el punto donde van a llegar las preguntas tanto del auditorio como desde la mesa donde se encuentran aquellos que le han presentado, y no se debe dudar ni decir que no sabe. Estamos en la defensa de cuanto ha dicho. El espacio dónde debe aportar pruebas que le lleven a lo que es su verdad. Aquí, es donde debe empezar a repasar lentamente, con sumo cuidado, su discurso con el ánimo de encontrar posibles dudas, quizás nuevas aportaciones a presentar pero que por tiempo, o por seguir "el guion" no ha presentado. También nuevas percepciones que requieran una explicación. Todas estas posibles preguntas en su opinión, debe tenerlas preparadas. A lo mejor no se dan, pero debe disponer de ellas, para llegado el momento aportar las pruebas, aclaraciones, objeciones de cualquier presente, con el fin de resolverlas y conducirlos a lo que es la verdad. En principio no en todas las conferencias deben porqué preparar este punto, pero sí consideremos necesario el crearlas y ensayarlas. Por ello por principio, siempre aconsejamos que solo se hable de lo que se sepa.

Este tipo de ejercicio que en principio se le puede presentar como apurado, baladí, tiene su principio. Se lo aconsejamos por tres motivos; primero porque en muchas ocasiones le va a obligar a llevar a cabo intensas reflexiones, hecho que siempre le va a enriquecer, segunda porque le puede proporcionar momentos brillantes, al tenerlos preparados le será mucho más fácil responder llegando al convencimiento total, y en tercer lugar porque le va a proporcionar una buena base de preguntas en el momento de llegar al debate, siendo en muchas ocasiones, la fuente –no habrá otra- que necesita para dar contenido a los minutos dedicados a las preguntas.

Aunque en el capítulo correspondiente a la exposición le dedicamos un apartado propio, queremos adelantarle que son muchas las veces que al terminar una conferencia y pasar al apartado de preguntas; solo nos responde el silencio. Sí, a veces la gente no pregunta. Y no hay espacio más triste. Pues bien, gracias a esta labor que ha llevado usted a cabo en este apartado de "Confutación", le vamos a mostrar cómo utilizar "esas" posibles preguntas que usted ha creado y trabajado, para con ellas, generar un cálido e inolvidable debate. En el punto 5.7. **Debate**, se lo detallamos.

PREPARACIÓN DEL ACTO DE PRESENTACIÓN Y PRIMERAS PALABRAS

Ha creado el texto del discurso que va a dar, preparada su estructura de cómo lo va a transmitir –división, confirmación, conclusión- y la batería de posibles preguntas. Si la conferencia ha sido pensada para llevarla a cabo con apoyo informático, también ha preparado las presentaciones según gusto e interés en un programa tipo *PowerPoint,* incorporando imágenes ad hoc, o en un documento en papel si es el caso de no utilizar programa informático. A lo largo de todo el proceso ha seguido los tres pasos ya comentados: *se dice que se va a decir, se dice, se dice que se dijo.*

Pero aún no hemos terminado. Nos falta preparar la hora D del día J. Como vamos a prepararnos para que nuestro cuerpo acompañe a la palabra. Vamos a hablar del lenguaje no verbal. Aun así, vamos a decir que estamos en el momento, la jornada que en un corto espacio de tiempo, va a sintetizar de la forma más creativa posible todo su trabajo de semanas; quizás meses. Así que, de nuevo, coja papel y lápiz; empecemos. Queremos indicarle que, en este espacio, es dónde definitivamente podemos decir que ha dejado lista la conferencia. Ocurre al ensayar, que palabras clave que le parecían definitivas y muy originales, ahora en la verificación se le antojan superfluas y hasta fuera de lugar. Por esta razón modificamos.

Es un buen momento en que nos encontramos ahora para volver a recordar de nuevo a Cicerón cuando nos dice: *el orador para transmitir, requiere del dominio de:*

- **Invención.** Saber qué decir, tener las ideas claras del argumento que va a transmitir y expresarlo con originalidad. Palabras clave cargadas de emoción con sus correspondientes apoyos constatables.

- **Disposición.** Exquisito cuidado en el orden en que hemos puesto las ideas. En nuestro caso, el orden que hemos seguido en la creación de la presentación. Un orden donde nuestra palabra cargadas de ritmo, alcancen el logro para quien lo escucha de sentir, estar "viendo", "viviendo" al son de la historia que se dicta. Todo un continuo.

- **Elocución.** Siempre haciendo uso de nuestro propio estilo de lenguaje. Es el que mejor se adapta a nosotros.

- **Memoria.** Porque cuanto más sepamos sintetizar nuestras presentaciones, más valor añadido tendrán ante los ojos del auditorio.

- **Pronunciación.** Aquí lo que se pretende es incorporar tanto la dicción como su lenguaje no verbal. Sobre este último es un tema que vamos a tratar en su totalidad más adelante.

Expuesto lo anterior, es bueno recordar por qué Hernández (2010) insiste al decir que *"la oratoria más que una cuestión de gramática o de lingüística, constituye un objeto de estudio de una retórica que como tal, incluye nociones de psicología, semiótica, dialéctica y poética"*. La oratoria es una operación en la que va a intervenir el orador con toda su entidad corporal. Tenga presente que es una "actuación", una "acción", que va a poner de manifiesto su equilibrio psicológico, coherencia ética y preparación cultural. Cualquier discurso público que usted lleve a cabo, va a ser una plataforma cuajando su "destino". Una pantalla que destacará y ampliará cualidades y defectos. No nos podemos permitir el lujo de fallar…nos. Debemos prepararla.

Si consultamos a otro clásico como es el caso de Aristóteles, ante la pregunta sobre que debe presentar el orador, nuestro sabio respondió que por encima de cualquier cualidad: "su credibilidad frente al público". Cómo podemos apreciar: ¡Qué determinante es la sinceridad! En nuestro libro "Formador de formadores" exponemos los avances científicos sobre la mentira, como está la sufre quien la emite y netamente la percibe el que escucha, con lo que a pesar de mucha preparación todo discurso queda desbaratado. De insistir será necesario recurrir a sus herramientas. Decía Aristóteles: se persuade por medio del carácter moral cuando se pronuncia el discurso de tal manera que haga al orador digno de ser creído, porque a las personas buenas las creemos más y con mayor rapidez… principalmente en aquello que no hay evidencia, sino opinión dudosa. Definitivamente necesitamos ser creídos. Hoy sabemos que la moralidad del que habla, se crea mediante dos vectores: el discurso y el momento en que el orador empieza a hablar. Es decir, de lo que desde la psicología nominamos estereotipo. Esta credibilidad la va a obtener por cuatro medios que necesariamente deben de estar unidos, lo contrario conduce a engaño; son: prudencia, virtud, humildad y benevolencia.

- **Prudencia.**

Este punto ya lo hemos tratado. Entendemos por ello el que, en todo discurso, deberemos dejar por escrito en el texto que nos hemos preparado, constancia de momentos determinados para exponer y sopesar los pros y los contras de cuanto se habla en ese momento. Orilla refutaciones a la vez que nuestra confirmación.

- **Virtud.**

No nos cansaremos de repetir que debemos exhibir, mostrar en público franqueza. Decir una verdad y no temer a las consecuencias de ser manifestada con frases directas y si se sabe; selladas con una lealtad teatral. La verdad siempre nos va a ayudar a mantener la credibilidad de cuanto decimos. La verdad es energía … para acto seguido expandirse al auditorio.

- **Humildad.**

De *humilitas* "pegado a la tierra". Poseerla nos permite

conocer nuestras debilidades, a la vez que nos ayuda a ver el "valor" de nuestro propio discurso sin vanidad; realidad que nos proporciona fuerza. Trabajarla nos ayuda a ser dignos de confianza a la vez que adaptativos. ¡Seamos humildes! A continuación, donde vamos a hablar del Lenguaje no verbal constataremos cuánto decimos.

- **Benevolencia.**

De *bene* "bueno" y *volo* "querer". "Querer ser bueno con los demás". Sentimiento que al llegar al estrado de manera contingente el auditorio traduce como "beneficio" "posible ejemplo a seguir".

Debe mostrar simpatía, complacencia, sonreír y mirar constantemente a todos. De derecha a izquierda, delante atrás, en aspas. Si considera una imagen hostil, insista en ella con más frecuencia.

4.1 Lenguaje no verbal, Neuronas Espejo y Pensamiento.

"Las personas te pueden engañar cuando te hablan, más existe un lenguaje no verbal, de signos inconscientes que no pueden disimular" Albert E. Scheflen.

4.1.1 Lenguaje no verbal.

Ahora sí, vamos a entrar en el apartado donde vamos a tratar de cómo nuestro cuerpo debe acompañar a la palabra. De cuando en el más absoluto de los silencios no dejamos de hablar. Nos hallamos frente el **lenguaje no verbal**. En toda comunicación el movimiento corporal es parte inherente del proceso; no solo es cuestión de oído conocer e interpretar todo cuanto estamos transmitiendo. La vista y toda la memoria que el cerebro pone a disposición de quienes están atentos, también puede determinar el conocimiento y éxito de nuestra conferencia. Somos una entidad corporal. Son todos nuestros sentidos sustentados por nuestro cuerpo los que comunican. Concurrimos con toda una fuente de información integral y como tal debe estar armonizada y controlada. Es tan potente, que por este medio podemos reemplazar palabras, enfatizarlas y hasta contradecirlas. Nuestro lenguaje no verbal tiene la potestad de captar y transmitir orden, armonía e imagen; elementos clave en todo proceso de comunicación.

Aunque con un extenso pasado, su estudio podríamos fijarlo a inicios de la segunda mitad del siglo pasado (1959), cuando el psiquiatra Donald de Avila Jackson (1920-1968) fundara en Palo Alto, *–de ahí el nombre de Escuela de Palo Alto con el que mundialmente es conocido-* en California del norte, el Instituto de Investigaciones Mentales, donde junto a Paul Watzlawich (1922-2007) elaboraron una teoría de la comunicación interpersonal y que con la incorporación de los investigadores Erving Goffman (1922-1982), George Bateson (1904-1980) y Albert Scheflen (1920-1980), dio paso a la **Teoría General de la Información.** Paul Watzlawich aporto los cinco axiomas relacionados con la teoría de la comunicación, en los que usted va a trabajar y que siguiendo al Dr. Scheflen vamos a ir describiendo aquello que transmitimos mientras hablamos o no, a través de las distintas partes de nuestro esquema corporal. Cabeza: rostro - *tocarse las orejas, taparse la boca mientras se está hablando* -mirada, sonrisa - *estrella de nuestro lenguaje no verbal, sonrisa de Duchenne, sonreír como fuente de felicidad, contagio, confianza, seducción-* Brazos - *unir las manos por delante,* los *brazos cruzados-*. Manos - *mostrar las palmas-*. y Piernas -*pie adelantado, piernas cruzadas-*.

Dada la importancia tan significativa de este lenguaje y ser un apartado que también hemos tratado con extensión en nuestro libro *Formador de Formadores. Docencia de la Formación,* en el capítulo correspondiente al ANEXO hemos trasladado, desarrollado y ampliado todos sus puntos.

4.1.2 Neuronas Espejo y Pensamiento.

Queremos dedicar este capítulo a como usted se debe presentar, de qué forma dirigirse al público y hablar sobre cuanto quiera transmitir, hacer mención a un importante acontecimiento dentro de la comunicación, que marcó un antes y un después en la oratoria; nos estamos refiriendo al descubrimiento de las "neuronas espejo". A la investigación que llevó a cabo el Dr. Giacomo Rizzolatti, científico de la Universidad de Parma, al comprobar en el grupo de macacos con los que estaba trabajando, todos con un equipo de electrodos en su cabeza conectados a los puntos sensibles del cerebro, observar cómo al ejecutar una acción el macaco alfa mientras el resto lo estaban observando, absolutamente todos; observado –macaco alfa- y observadores –resto grupo- estimulaban idénticas neuronas. Las mismas tanto el que estaba ejecutando la acción como el resto que observa. Por ello –entre otras- recibió el Premio Príncipe de Asturias de Investigación Científica en el año 2011. Trasladado este hallazgo a la comunicación, nos está informando que cuando usted salga al estrado y mire al público, las neuronas que en ese momento este activando por sus pensamientos, también las estarán activando los presentes. Por ello consideramos imprescindible darle claves y herramientas. ¡Ojo con lo que piensa! Continuamos. El Dr. Vilanayur S. Ramachandran (Tamil Nadu, India 1951) de la Universidad de California (Los Ángeles) partiendo del estudio de estas neuronas, lo replicó en humanos en sus investigaciones, afirmando: *"El descubrimiento de las neuronas espejo hará por la psicología lo que el ADN por la biología" El País, Futuro, 19 de octubre de 2005.* Lo afirmaba, al sugerir que estas neuronas podrían ser la explicación de la empatía, el aprendizaje por imitación y la evolución del lenguaje. Para concluir este apartado de las NE es necesario hacer referencia al director de teatro inglés Peter Stephen Paul Brook (Turnham Geen 1925) Premio Princesa de Asturias de las Artes en 2019. Paul Brook nos aporta una nueva e inestimable información: ***si no hay una intención no se activan las NE.*** Cada acción que se desarrolla en la escena desencadena una resonancia física en el espectador. Esto ya lo sabíamos por el Dr. Rizzolatti, la novedad estriba en que, si alguien dice algo y no tiene intención de hacerlo, las neuronas no actúan en el observador.

Al igual que en el punto correspondiente al Lenguaje no verbal, con el fin de agilizar contenido en los capítulos, y haberlo tratado en otros libros, en el capítulo correspondiente al ANEXO lo tiene usted totalmente desarrollado en todos sus puntos. Gracias. Léalo con interés porque de la manera que usted piense del auditorio, este de igual forma será activado.

4.2. Estereotipo.

Vamos a hablar del conjunto de creencias que mantenemos con relación tanto a un grupo como a una persona. Son persistentes y difíciles de cambiar al tener la función de mantener nuestro punto de vista y posición en la sociedad. *Lippmann (1922).* De constructos cognitivos que hacen referencia a los atributos personales y de grupo, en donde entran no solo los rasgos de personalidad *Ashmore y boca (1981).* Los creamos porque nos ayudan a explicar una realidad al ser un mecanismo de ahorro de energía, y por encima de todo un conjunto de creencias que compartimos sobre los demás. Necesitamos hablar de ello porque cuando usted suba a la tribuna, a tenor de la información previa sobre su persona, muchos de los asistentes ya tendrán una creencia sobre usted, que al interactuar obtendrá el resultado final. Por ello con anterioridad le hemos expuesto los puntos del lenguaje no verbal y neuronas espejo.

Si tomamos su origen desde el psicoanálisis, diremos que operan como justificantes de los posibles prejuicios, ya que tiene una función defensiva del yo. Si lo hacemos desde el enfoque sociocultural, este nos lo muestra como un reflejo de la cultura y la historia sirviéndonos para poder ajustarnos a las normas sociales Tajfel (1978), y por último si lo miramos desde el enfoque sociocognitivo, esté nos lo define como una estructura cognitiva que contiene -en nuestro caso- las opiniones de los sujetos que irán a escucharle: conocimiento, creencias y expectativas sobre usted. Y toda esa opinión la van a tener nada más verlo llegar, porque para eso están los estereotipos, para sistematizar y simplificar el universo estimular al que se van a enfrentar. *Allport (1954).* En nuestro caso será los que asistan. Por ello el valor de conocer tanto el lenguaje no verbal como los descubrimientos de *Rizzolatti, Paul Brook, Ramachandran y Masaru Emoto* son determinantes. Saber que el 70% de lo que transmitimos no es a través de la palabra, sino de ese lenguaje compuesto por un conjunto de elementos tales como nuestra forma de vestir, modulación de las palabras, postura, gestos, mirada, pensamiento, como opinamos del auditorio y hasta de nosotros mismos va a ser determinante en la nota final que obtengamos. Todo un conjunto de elementos que nos van a marcar en ese día.

Como hemos podido leer los estereotipos se crean en los primeros momentos de nuestra entrada en escena y además nos pueden determinar. Procure no olvidarlo: su conferencia empezara a despertar expectativas, a ser deseada, en el momento justo que lo vean aparecer, cuando le estén presentarlo. Mucho antes de que usted empiece a hablar. Vamos a desarrollar todos los pasos. Preséntese vestido **con la prenda que más seguro se sienta.** La que más le guste; con la más cómoda. Va a vivir un espacio de tiempo en que será la estrella y frente a usted; un auditorio expectante, rendido a sus pies, regalándose/regalando un tiempo de sus vidas para estar junto a usted. El auditorio, nada más verlo, dirán saber sobre su control, conocimiento y hasta confianza en sí mismo. Cuide estos momentos. No puede permitirse "el lujo" de tirar por tierra todo el trabajo llevado hasta este momento; toda nuestra ilusión y expectativas… además de que es un acto que jamás va a repetir.

4.3. Exordio.

En el capítulo anterior correspondiente a **"Cómo preparar la presentación del discurso"**, decíamos que todo discurso debía contener seis piezas: *exordio, narración, división, confirmación, conclusión y confutación*. Hemos trabajado el texto, la presentación con sus diferentes bloques y como ha podido constatar al estudiar —el anexo- el lenguaje no verbal. Ahora, que ya hemos avanzado al tiempo de prepararnos para "exponer todo cuanto queremos transmitir al auditorio", ha llegado el momento de desarrollar las dos primeras piezas en que dividía Cicerón todo discurso, esto es: *Exordio* -el acto de llegada del conferenciante- *y narración;* cuando el conferenciante por primera vez toma la palabra. Al ser dos piezas dónde por primera vez va a hacer acto de presencia su comunicación, su lenguaje no verbal, es por ello que primero decidimos hablar del estereotipo.

En retórica, el Exordio es la primera de las partes canónicas – *de canon: regla-* del discurso. Corresponde al acto de llegada del conferenciante. Es decir; el momento en que usted es presentado. El instante cuando un miembro de la empresa, institución que lo ha contratado, le acompaña a usted hasta el estrado para informa al auditorio del porqué de su invitación. Hablar de su currículum, trayectoria, aportaciones y el placer de poder compartir juntos estos momentos.

Es una pieza –junto con la segunda, **Narración**-- tan decisiva que la vamos a desgranar –en cuanto a preparación y material-, concretando todos los pasos que debe dar para hacer de su discurso un éxito. Sobre las pautas personales de cómo debemos de actuar, lo trataremos en el capítulo correspondiente a la presentación, aún estamos en el tiempo de tomar notas; del papel y lápiz. Vamos a preparar la parte técnica de su llegada al acto.

Si no conoce el auditorio y le es posible, visitará días antes el lugar donde va a exponer. Ayuda conocerlo. Probará subir al estrado y "respirar" el lugar; "vivir en ese momento el acto contemplando el auditorio vacío". "Le servirá para los ensayos". Imagíneselo. Le decimos que no siempre es posible llevar a cabo este punto, quizás por ser en una ciudad ajena y como casi siempre, porque es la agenda quien termina marcando las pautas. En caso de ser posible:

- **Comprobará audición, equipos que necesita, luminosidad, etc.** Es necesario que su portátil tenga la misma conexión que el cañón donde va a proyectar su presentación, en caso contrario deberá solicitar el adaptador. A nosotros nos ha ocurrido.

- **Lápiz electrónico**. Como exponíamos en el punto anterior, a veces ocurre, que es imposible acceso a un adaptador, no lo hay; por lo que deberá tener su presentación grabada en su lápiz con el fin de conéctelo directamente al ordenador de la sala. También puede ocurrir un fallo en su portátil, o que se le olvidó cargar la batería y quizás no llega el cable y requiere de un prolongador que no hay, o está en Hispanoamérica y precisamente ese día no ha llevado o no encuentra el adaptador al enchufe. En definitiva, necesitará hacer uso de un portátil auxiliar y el lápiz es imprescindible. ***Recomendación: pase ya a un lápiz electrónico una copia de la presentación de su discurso.***

- **Ponencia**. Con suficiente antelación, envíe a la organización, institución, a través de un correo electrónico –en el caso de que no lo hubieran solicitado- una copia de su ponencia. Idéntico contenido grábelo en un lápiz, y el día de la impartición entréguelo a la persona que lo ha contratado, dándole las gracias.

- **Resumen de la ponencia**. Además, tenga preparado un resumen del discurso lo requieran o no. No todos tiene tiempo de leerlo completo. A veces puede ocurrir que la institución posee prensa interna o ha convocado a un Diario Local, pero por horario u otras actividades les ha sido imposible asistir, por lo que la probabilidad de que su conferencia aparezca en los medios va a ser baja. Pero si usted nada más finalizar proporciona a la organización un breve resumen de cuatro o seis módulos de texto, con capacidad de síntesis, acompañado de su fotografía, la probabilidad de que su conferencia aparezca en los medios aumenta. Si el medio es interno, casi seguro que aparecerá. Y su ancho de banda de conocidos también. Hágalo. No pierda esta oportunidad a pesar de que serán algunas veces –al inicio- de que ningún periodista sea requerido. Usted tenga preparado el resumen. Un nuevo aprendizaje del mismo que va a adquirir y sorprender. Aprendizaje y dominio que va a obtener al obligarse a una nueva síntesis.

- **Curriculum vitae**. Tiene que hacer todo lo que esté en su mano para conseguir que lo presenten como experto en "ese" tema del que va a hablar, de esa conferencia que ahora se está preparando, y esta cuestión solo depende de usted. Le aconsejo que sea usted el que prepare su breve/extensa nota autobiográfica, la que desea que vayan a leer y con independencia de que ya la haya enviado por correo. Personalmente entréguela al presentador antes de llegar al estrado. Dígale por favor que es esa nota y no otra que pudiera tener la que desea que lea en el momento de la presentación. Léasela y haga hincapié en lo que quiere que transmita; nombre, títulos, puesto de responsabilidad y siempre que pueda que su Curriculum esté lo más ajustado posible a la conferencia. **Su biografía profesional** es un dato necesario, y usted ya la ha enriquecido con el mejor contenido posible. Esta tarea también debe tenerla preparada. A veces ocurre, por las prisas, por un sin fin de responsabilidades, que al presentador se le ha extraviado, no la encuentra y la ha obtenido de nuevo a través de Internet u otro medio. Sea precavido, es su conferencia. La única; irrepetible. Prepare su experiencia lo más ajustada a sus intereses —huelga decir que sin engañar- y busque un momento para entregársela, comentarla; haciendo hincapié en lo pertinente. No va a tener otra oportunidad para informar al auditorio, así que dedíquele "ese tiempo". Olvídese de las prisas y de la presencia de otros en ese momento; la entrega y la comenta. Recuerde que la presentación forma parte del estereotipo que el auditorio se va a crear de usted. No hay una segunda oportunidad. Exíjalo con educación.

- **Equipo auxiliar.** Acompáñese de un vídeo y grabe su exposición, además de enseñanza, puede aportar espacios para sus redes sociales.

- **Horario.** Procure llegar con suficiente antelación el día de su exposición.

4.4.Narración.

Aquí también debe coger ahora papel y lápiz; hay tareas que debemos seguir haciendo. Acabamos de llevar a cabo la labor que conlleva toda presentación. Ahora corresponde al acto en donde usted va a tomar la palabra por primera vez y no precisamente para comenzar a hablar de su bien preparada conferencia. Estamos en el paso que usted más debe ensayar y para su desarrollo lo vamos a dividir en:

4.4.1. Agradecimiento:

Como no puede ser de otra manera corresponde al acto de dar **las gracias:** a quien le ha presentado, **a la institución que le ha invitado**, a la persona que le ha dado la oportunidad de exponer su pensamiento y por supuesto al auditorio. Debe tener memorizados los nombres de absolutamente todas las personas que han hecho posible su presencia. Si cree que puede dudar empiece a prepararlo ya. Si aún no los tiene, ahora es el momento de preguntarlo. Haga una nota con todos los nombres y cuando llegue el momento póngala encima de la mesa y léala si es que lo necesita. No tiene por qué sentir rubor; vergüenza seria estar en la mesa y no recordarlos. Verbalizar nombres genera vínculos. No debe correr riesgos. Le hemos creado un modelo a modo de ejemplo que puede consultar en el capítulo ANEXO. Si le gusta empiece a adaptarlo a su estilo. Por supuesto que mientras lo presentan, lo observan, no pierda la oportunidad de mirar al público y mentalmente darles las gracias.

Debe tenerlo muy bien preparado y ensayado; saber a quienes nombrar y cargo. Sea siempre agradecido. En las presentaciones ensayaremos cómo deben ser esos pasos, ahora recoja datos.

4.4.2 El vínculo.

Acaba de agradecer al auditorio y a los que le acompañan en la mesa, pero aún no debe empezar con su discurso. Para que cuanto hable sea agradable al auditorio, antes necesita crear un nexo de unión emocional con los asistentes. Quedar emocionalmente unido a ellos. Recuerde lo dicho en el apartado de estereotipo; usted debe pertenecer al grupo que le está escuchando. Tiene que quedar incorporado a los oyentes en algo en que se sientan identificados, orgullosos. Si nos acogemos al modelo de *I.P. Pavlov*, diríamos que usted necesita empezar la ponencia siendo un *estímulo condicionado*. No puede empezar su charla siendo "un desconocido". Un *estímulo neutro*. No se lo permita. Tiene que reconocerse en ese nexo de unión con quienes van a empezar a escucharle. Necesita quedar unido a una emoción común del auditorio. Formar parte de la biografía o de un pasado común con los asistentes. Ya empiece a buscarlo. Consiga qué el simple hecho de hablar sobre ello sea sinónimo de dicha para los presentes. Historia común, trabajo frecuente, cuando se licenció, opositó, hombres significativos, gastronomía, cuando usted era niño y su padre le llevo… Pasadas experiencias vividas y acordes con lo que va a hablar. El camino a seguir es muy variado y siempre será función del público. Ejemplo: *si la conferencia es en una universidad, usted puede empezar hablando de su facultad, recordar tal asignatura u otra anécdota.* Si no tiene ese nexo, otro anclaje puede ser la ciudad en donde se encuentra, que de forma directa o indirectamente usted puede vincularse. O el tema del curso, el tipo de empresa; cuando usted inició sus primeros pasos en el mundo laboral; como fue aquella primera entrevista en su proceso de selección. La ilusión de su primer curriculum vitae. Debe buscarlo. Haga un alto, no debe empezar a habar sin antes haber creado el vínculo. La conexión es imprescindible. En el capítulo ANEXO, le acompañamos dos ejemplos a modo de "ideas".

4.4.3 Proemio.

Acaba de preparar el agradecimiento, también el texto correspondiente al vínculo con el fin de poder conectar emocionalmente con el auditorio. Ahora tan solo falta escribir esta parte con la que vamos a dar entrada al punto ya desarrollado y que denominamos *División,* el que a modo de mnemotecnia recordamos como *se dice que se va a decir*. Estamos en el momento que va a informar del porque eligió este título para su conferencia. Su justificación. Las ventajas que en su opinión representa para conformar en tan solo un párrafo la idea de cuánto va a hablar. Del texto, contenido y fines. Sí, escriba sobre lo que va a decir al auditorio en relación sobre el por qué seleccionó en su momento el título de la conferencia.

Pasamos ya a la interpretación. Todo cuanto tenía que escribir lo ha hecho. Pasamos al tiempo del ensayo.

ENSAYO GENERAL

Se encuentra en el punto del ecuador de su conferencia. Atrás quedo el discurso escrito, resumen y pasarlo a la presentación tipo *PowerPoint*. Todo cuanto quiere decir, con su título como definición esta pasado. También el texto de los puntos clave en que ha basado la conferencia con el fin de que el auditorio, además de por el título, tenga una "idea" de lo que va a hablar. *"se dice que se va a decir"*. Ha desarrollado el texto de todos los puntos clave, *"se dice"*. Subrayado a modo de conclusión todo cuanto dijo al principio de lo que iba a hablar, haciendo constancia de que todo lo ha dicho. *"se dice que se dijo"*. Ha preparado una batería de preguntas y explicado el cauce para que se lleven a cabo en el caso —si hay tiempo exponerlas- de que nadie del auditorio retraídamente no se decida. Ha preparado su curriculum vitae, copia de la conferencia y resumen para remitírselo a su cliente, hecho que va a llevar a cabo lo antes posible. En un lápiz electrónico ha grabado una copia de la conferencia y resumen de la misma —de cuatro a seis módulos- por si lo requieren para su publicación. Ha terminado su presentación; el texto que va a leer donde verbalizará el nombre de todos los presentes y de aquellos que le facilitaron el poder realizar su "sueño". Si en este momento aún le tienen que preparar algunos nombres, deje un espacio en blanco para ello. Ha conseguido crear el nexo de unión con el auditorio. Y a nivel personal lleva días practicando los ejercicios de respiración y relajación, sin dejar de visualizarse impartiendo la charla. En este tiempo ha trabajado el lenguaje no verbal y con cada persona que ha coincidido por cualquier motivo ha ensayado activar las neuronas espejo con pensamientos de agradecimiento.

Recuerde que el objetivo de toda conferencia es trasmitir una información que en su opinión es de interés para el auditorio. Está convencido de que lo es. Pero también sabe que si no hay atención de nada sirve el haber creado el más bello discurso. Para lograrlo no nos basta solo lo anteriormente dicho. Debe procurar -entre otras- hacerles pasar un tiempo animado y usted agradecido de estar allí. Aceptar y estar preparado por las posibles reacciones que surjan. Tener presente que no necesariamente todos asisten con el mismo interés y expectativas ante lo que va a hablar. Muchos pueden estar presentes porque su conferencia forma parte del Orden del día de un Congreso, otros aprovechando una invitación; quizás por obligación. Pensar que el horario también influye, no es lo mismo hablar a las 9,00h, 11,00h., o justo después de comer. Son detalles que debe tener presente. Si suma las permanentes interrupciones de atención, el mensaje puede correr peligro y a la conclusión que puede llegar el auditorio será tan diferencial como sujetos en la sala. Por ello haga hincapié repasando las claves para llevar a cabo una conferencia efectiva. Repeticiones de las ideas clave. Necesita mantener el interés del auditorio.

Vamos a ensayar. Se encuentra en el momento de empezar a caldear neuronas de todo cuanto ha escrito. De imaginar que está en el día de "su nuevo día". Frente a usted, en la más hermosa de las soledades; tiene a su auditorio expectante.

5.1. Notas previas. El auditorio.

Ya estamos en el ensayo. Acaba de finalizar sus ejercicios de respiración y relajación. En los momentos de emisión de ondas Alfa se acaba de visualizar de nuevo. Ha elegido una hora en que nadie la puede interrumpir. Solo frente a un espejo si tiene esa posibilidad. Empiece a vivir la situación. El auditorio se merece todo respeto. Muchos quizás habrán dejado otras tareas para escucharle. Tal vez hasta viajado por asistir. Ya se encuentra en el estrado. Experimente la sensación de estar admirando la dignidad del auditorio. Ejercite sus neuronas espejo. Al mismo nivel que llegue usted en ese sentimiento de admiración, respeto y agradecimiento, el auditorio se lo va a devolver. Practíquelo. Junto con la confianza van a ser el mejor antídoto para ahuyentar el miedo. Ensaye, grave cuanto hace y compruebe su actuación... con amor. A veces con conmiseración.

Recordarle que es imprescindible que domine el tema que va a tratar; le ayudará a sentirse seguro. Por encima de casi todos los argumentos que se entregan para nuestra tranquilidad, tener la seguridad de dominar aquello sobre lo que vamos a hablar y haberlo practicado, es el más efectivo. Usted ya tiene mucho adelantado: es el autor. Practique el aprendizaje vicario, ejercitándose en el hábito de observar a presentadores de TV, otros conferenciantes y escuchar a las voces estrellas de las cadenas de Radio. Su concurrencia es el porqué de la ponencia. Los que van a condicionar el devenir de su lenguaje. Su marco puede ser de lo más diverso; desde un Consejo de Dirección, Comerciales o Conferencia Pública por poner unos ejemplos clásicos, pero en todos va a aparecer un denominador común; esa expectativa, interés y emoción. Finalizando con una calificación que en algunos casos puede determinar. Así que tenga presente frases que les hagan sentir, tanto o más que razonar y ensaye en la medida de lo posible. Mientras cierra el discurso armonícelo con las preocupaciones y motivaciones del auditorio con el fin de potenciar la escucha activa. Como sugerencia a modo de guía puede consistir en preguntar a quienes le han contratado: profesión, nivel cultura, edad media, ¿qué esperan saber, oír?, ¿Qué les puede motivar? Y una vez con todo ese conocimiento, con todo el marco de referencia y con toda la conferencia debidamente ensayada y preparada busque la oportunidad de hacer hincapié sobre ello.

Recuerde que el éxito es función del interés que le estén mostrando los asistentes. Su usted es capaz de hablar sobre lo que demandan, requieren, les gusta, entretienen, y todo con una marcada emoción; habrá una alta probabilidad de ser escuchado, aceptado y en el mejor de los casos; recordado, y eso lo va a ser a medida que vaya hablando al ser el auditorio, como material vivo una fuente constante de información. Momento a momento le va a estar pasando indicación del estado en que se encuentran y que usted, en igual medida irá adaptando su discurso. Escenario vivo. Por ello cada conferencia sobre el mismo tema; nunca será igual. De ahí nuestra insistencia en conocer al público. El auditorio es clave, a veces, hasta llega a determinar un discurso como hemos comentado. Obligándonos a generar nueva creatividad, inclusive, aunque se vaya a hablar de un mismo tema en otra ciudad. ¿Acaso no le ha ocurrido alguna vez, contar una anécdota a un grupo de amigos, usted salir todo satisfecho de la impresión que les ha causado, y al poco, a tenor del éxito repetirla ante otro ambiente, y el resultado ser de lo más pobre? ¿Tal vez silencio total? El texto, es solo una parte del discurso. Es el resultado de la interacción orador-auditorio lo que fija. Palabras, gestos y miradas posiblemente distintas. Cada nuevo auditorio es un nuevo estreno y debe prepararse para que incida lo menos posible. Si, amigo orador, no basta con haber llegado a escribir un discurso, leído todas las herramientas, imaginarse ante el auditorio y ensayarlas una y otra vez. Para dar la sensación de un "maestro", no queda otra que ser maestro. Estamos hablando de preparación, de repetición una y otra vez. De memorizar hasta las interrupciones, las anécdotas y llevarlas a cabo. El "respetable" siente el nivel de presentación y siempre evalúa.

También tenga presente que en el auditorio van a estar personas especialistas en el tema que va a tratar, por lo que le recomiendo que aporte datos originales, que en todo momento se puedan constatar. Comente -si lo requiere- con peritos expertos del tema aportando referencias, y siempre que disponga de tiempo exponga su discurso ante ellos, preguntándoles su parecer. Sea cortes, halague y si procede dentro del guion; hágales sonreír. Recuerde, usted tiene un título y el contenido de una información, ahora debe orientarlo hacia el público objetivo para que despierte interés. No importa que la presentación la tenga "terminada". Vuelva a preguntarse en cómo hacerlo sugestivo, interesante, en cómo se van a beneficiar. Sienta ese beneficio al ensayar. Experimente el placer de servir. Si el nivel no le agrada no dude en modificar el texto. Tal vez solo sea cuestión de adaptarlo a su personalidad; a su estilo.

5.2. Entrada en escena; su presentación.

Estamos en el acto donde el auditorio empieza a generar sus expectativas. La fase virgen donde todo el público estará pendiente de usted. El espacio donde es rey y señor el estereotipo, momento en que las neuronas espejo van a empezar a actuar, y la oxitocina será dueña del sistema. Ensaye una y otra vez su acceso al estrado. Visualice como se está dirigiendo acompañado hacia la mesa, o quizás será de pie, en el centro o a un lado del entarimado, dónde le acompañarán para presentarle. No importa que no haya podido ver con anterioridad el lugar. Elija uno que le sea familiar y empiece. Su cerebro está ansioso porque usted pueda cumplir sus sueños. Entrénese en lo primero que hará mientras hablan sobre usted, pues será en ese momento cuando por primera vez empezará a comunicarse con el público. Lo va a hacer sin hablar, tan solo mirando. Alguien a su lado lo está presentando, mientras tanto usted explorando con la mirada la sala hasta la última fila. Empiece ya a dar las gracias a todos por estar ahí, dedicándole su tiempo y vida. Experimente en su cuerpo como el auditorio, al sentirse reconocido dejará de ser un "anónimo" para pasar a convertirse en sujeto activo, participativo, cargado de afectividad hacia usted. Sonríales. Téngalo presente. Ensaye dar las gracias mientras escucha como lo están presentando. Usted dedíquese a estar, fluir. Detrás llevará todo lo experimentado en su trabajo de relajación. Debe haber llegado viviendo ese tiempo mágico en que lo están presentando. Limítese a estar de forma activa. Visualice la experiencia de cómo el nivel del murmullo se va diluyendo y usted aún permanece sonriendo. Siga ensayando. Repetimos. Con la miranda hará un barrido de la sala imaginada en busca de los "amigos", mientras con la mente, no olvide de ir dando las gracias a todo el auditorio por estar ahí. Le recuerdo a Rizzolatti. Sea generoso, no se limite a llevarlo a cabo una sola vez. Aproveche que le están presentando para acercarse con la mirada al auditorio tantas veces como el tiempo en que le están presentando lo permita. Agradezca mentalmente a todos los asistentes su presencia. No se canse de hacerlo.

Cómo no basta con leer. Le aconsejamos que todos los ejercicios los ensaye una y otra vez. Si no está acostumbrado, a veces mostrar agradecimiento cuesta. En este caso frente al espejo, en el salón de su casa o al aire libre, siga imaginando que está frente al auditorio y con su mirada –mientras a su lado están hablando de su trayectoria- vaya barriendo todas las imágenes dándoles las gracias. Es imprescindible que lo ejercite. El hombre hace lo que tiene la costumbre de hacer y bajo presión; totalmente lo de siempre es lo único que hace. Le insistimos porque queremos que triunfe. Es el ensayo lo que le va a facilitar un aumento de la probabilidad.

A veces ocurre que no es posible contar con el apoyo de la presentación. Usted mismo será el encargado de hacerla. Lea su curriculum vitae y sea lo más breve posible en cuanto al texto, procurando ocupar ese espacio en estimular a las neuronas espejo.

5.3. Primeras palabras y nexo de unión (vínculo).

Ya lo han presentado. Se encuentra en este momento donde el auditorio ya es conocedor del título de la ponencia. El moderador le ha agradecido su presencia, reconocimiento que ha hecho extensivo a todos los asistentes mientras usted los saludaba con la mirada. Ha llegado su momento ¡por fin! de empezar a hablar por primera vez. El instante en que tiene que dar a conocer lo más importante; a usted mismo. Cumplir con las expectativas que ha creado a través del silencio, y lo va hacer según el texto que ha creado. Téngalo a mano. Ni en el ensayo debemos dejar nada al azar. Debe nombrar todos los nombres, recordando el orden de las palabras clave según el modelo que tiene en el ANEXO: "honor" "agradecimiento" y "generosidad". Si ha conseguido memorizarlo, mejor que mejor, pero ante el menor atisbo de duda; la presentación siempre a mano. Todo antes que quedar bloqueado, inclusive hasta en los ensayos.

5.3.1 Nexo de unión. (vínculo).

Ahora ensaye el vínculo que ha utilizado para ser parte del auditorio. Abra el documento que ha preparado y empiece a ensayar. Recuerde que acaban de haberle presentado y ha seguido todos los pasos de agradecimiento, primero a nivel no verbal con el auditorio y luego con sus palabras. El público está expectante y debe empezar a hablar sobre el nuevo documento que ahora tiene en su mano. Necesita estar emocionalmente unido con el/su público antes de empezar a hablar sobre el motivo por el cual usted ha sido invitado. ¡Cuantos pasos antes de hablar de ese discurso que tanto le costó crear y estructurar, y aún ni tan siquiera ha podido nombrar el título! Así es, impartir un seminario no es solo hablar de lo que uno sabe o cree saber; previamente usted debe ser un estímulo para el auditorio. Debe formar parte de sus biografías o de un pasado común. Ser parte del grupo, "uno de ellos". Ser el estímulo condicionado que todos necesitan e irán forjando. Empiece a ensayarlo. Verbalizar aquella unión que se ha forjado con el auditorio. Le recuerdo que cuanto diga debe ser cierto. Agradezca.

5.3.2 Implíquese/implíquelos.

Mientras les habla persista con el ejercicio de "verlos" ordenadamente a todos; derecha, izquierda, arriba, abajo. El contacto visual es esencial para mantener la atención del que escucha. Tienen que sentir en esos momentos que, para usted, ellos son lo único importante. Si puede; amelos. Sentir que se van a beneficiar de lo que usted está hablando. Acompáñese con una mirada cargada de frenesí. Recuerde lo dicho sobre neuronas espejo. Si mientras habla no encuentra satisfacción en sus palabras, vuelva al ANEXO, y rehaga el texto del vínculo. No debe continuar hasta acabar este punto.

- **Sonría mucho.** Ensaye ahora sonreír; hágalo siempre que pueda. La sonrisa contagia, gusta, relaja al auditorio, interpretan que el orador está a gusto, identificado con ellos. Le aconsejamos relea en el ANEXO el apartado donde hablamos sobre ella.

- **Mire permanentemente al público.** Sí, no se canse de hacerlo. Procure mantener el mayor número de veces contacto visual. Busque el asentimiento en sus rostros. Permanezca entre tres (3´´) a seis (6´´) segundos en cada ancho de banda visual. A mayor tiempo corre el riesgo de provocar cierto malestar, haciendo daño al auditorio. Mientras lo hace; desde su interior deles las gracias por estar ahí, con usted. Sienta cariño, amor hacia ellos. Como decíamos nada más lo perciban, al igual que la mar, ola a ola retornará a usted, embriagándose de dicha. (Rizzolatti). Haga suya este hábito.

5.4. Se dice que se va a decir.

¡Y por fin va a hablar sobre su discurso!

Siguiendo a Cicerón se encuentra en el punto que lleva por nombre: división, y que tan perfectamente usted diseñó. Ya el grupo le ha abierto sus puertas. Se halla justo en el espacio donde va a empezar a exponer materia; hablar sobre el tema para el qué ha sido contratado. Hacer una breve exposición sobre todo cuanto creó, preparo y dejó listo en el punto 5.1 del discurso: "división". Se halla en el tiempo; *dice que se va a decir t*odo aquello que escribió de manera sucinta sobre los puntos a tratar. Va empezar a transmitir el conocimiento y despertar todo el interés en los asistentes por la conferencia que va a dictar. No se canse de ensayar este apartado —es el primero- donde tendrá que pronunciar las palabras clave, -repítalas- aquellas con las que va a hacer vibrar al auditorio por su carga emotiva al igual que torpedos que impactan por debajo de la línea de flotación. El tiempo en que va a dar un breve resumen de las particiones que llevo a cabo del cuerpo de la ponencia. La finalidad de esta forma de exponer es conseguir que todo el auditorio obtenga un marco suficientemente estructurado, una idea clara de qué va a consistir la conferencia. Si después de lo dicho en ese instante un sujeto decide "desconectarse", mentalmente, marcharse a "ningún lugar", perfectamente va a poder "seguir el hilo" de su discurso una vez vuelto "a la realidad". Asimismo, entregar un índice, guion, proporciona orden y ritmo al discurso, realidad que se va a traducir en tranquilidad, belleza y predisposición para el asistente. Va a ayuda a que se orienten hacia su pensamiento, pudiendo más fácilmente sintonizar con usted. Ampliar la posibilidad de ganar adeptos en su manera de percibir la realidad.

Le reitero que es un apartado que debe tenerlo muy, muy ensayado al ser parte de sus primeras palabras, del espacio donde el auditorio está forjando su estereotipo. Tiene que seducirlos hasta el convencimiento. Deben de estar conectados con usted y el camino se logra haciéndoles sentir. No les haga pensar.

Guíese por el reloj para que su exposición se ajuste en la medida de lo posible a treinta (30´) minutos. La capacidad de atención es limitada y debe contar con un tiempo de ruegos y preguntas una vez concluido su discurso.

Está ensayando ahora su discurso. Tanto en esta parte como hasta llegar a la conclusión, mientras pronuncia; evalúese. A veces ocurre que al finalizar el discurso sobre el papel y hacer las divisiones pertinentes tan estudiadas, cuando llegamos a la interpretación; no nos dicen nada lo que estamos hablando, o muy poco. Son palabras, frases incapaces de generar la idea que ese punto quiere transmitir. No se sorprenda por ello, a todos nos ha pasado. Para eso están los ensayos. Pare y haga los cambios oportunos y… siga ensayando. Siempre imagínese que esta frente al público y hablando de lo que va a tratar su ponencia. Concrete el por qué ha seleccionado esos apartados. Repita este ensayo muchas veces. Para algunos asistentes será la única parte del discurso que van a recordar.

No se olvide de ir ensayando al unísono sonreír y aunque estará posiblemente en soledad mientras lo hace, imagine que tiene al público frente a usted y vaya moviendo la cabeza de un lado para otro. Si para llevar a cabo la impartición le han preparado un atril, imagine que en este espacio empezará, procure percibir el estrado, y busque el lugar donde mejor, más seguro cree que se puede encontrar; allí será donde deberá decir las frases más significativas. No importa que no lo conozca. En las preguntas; ese será su lugar seguro.

5.5. Se dice.

Acaba de presentar los puntos sobre los que va a hablar, el espacio mnemotécnico "se dice que se va a decir" Si ha sido necesario ha hecho los cambios pertinentes tanto sobre el papel como en la presentación tipo *PowerPoint*. Va a adentrarse en el desarrollo del contenido de todo cuanto ha adelantado. Se encuentra en el cuerpo, la trama que ya tiene perfectamente trabajada y de la que tan orgulloso se encuentra; hasta la tiene resumida. Es el momento de "se dice". La parte de desarrollo sobre el contenido de los puntos del discurso. Recuerde que todo debe respirar armonía. Cada punto debe ser una continuidad del anterior. En el cerebro del auditorio todo debe ser fluidez. Cada frase una continuidad de la anterior, Cada nuevo tema una prolongación del que le ha precedido. Por ello:

5.5.1 Hable despacio y trabaje su voz.

Nada es neutro en el orador. Cambie el ritmo solo cuando le convenga. Recuerde que cualquier frase dicha rápidamente, tiende a interpretarse carente de valor y todo cambio de ritmo llama la atención. Ahora que está solo ejercítese leyendo en voz alta jugando a la vez con cambios de ritmo. ¡Cuántos locutores de radio, dobladores de voz, han triunfado solo por la frecuencia de su voz! Al igual que se dijo con relación a la mirada, sea sincero con lo que dice; la voz también es un indicador de fraude como bien ha podido leer al inicio del texto sobre el lenguaje no verbal donde Albert E. Scheflen afirmaba: *"las personas te pueden engañar cuando te hablan, más existe un lenguaje no verbal, de signos inconscientes que no pueden disimular"*.

Sea enérgico con su voz. Debe transmitir "ganas", y vocalice todas las palabras hasta el final. En la antigüedad, algunos oradores nos dejaron ejercicios como el de la traba, consistente en ponerse una pequeña piedrecita en la boca y empezar a hablar. Ensaye de esta manera durante dos o tres minutos. Pare, ahora hable sin ella, constate la agilidad que ha experimentado. También puede ensayar poniéndose un lápiz en la boca de manera transversal y al igual que en la práctica anterior, empezar a exponer el discurso durante el mismo espacio de tiempo. También cuando se quite el lápiz, podrá constatar el cambio. Ensaye el darle su tiempo a cada frase. Hemos comentado que cuando el orador habla atropelladamente, con prisa, el cerebro del oyente lo interpreta como que nos encontramos en una parte del discurso no importante, piensa que por eso habla así. Debe ir cambiado el ritmo. A los pocos minutos de continuar hablando atropelladamente, podemos producir una total desconexión del público con nuestro discurso mientras está esperando que por fin llegue al texto que requiere interés.

Siga un orden; el mismo que se ha propuesto en la presentación. Si no le termina de complacer; borre y cambie. Imprima energía. Si le cuesta, pare y ensaye una y otra vez los ejercicios de respiración que tiene en el ANEXO. Siempre lento en el habla. Si se cree que ya va lento, busque en las redes un buen discurso y comprobara lo que es hablar "normal" en un discurso. Tenga en cuenta que para los oyentes es la primera vez que escuchan su discurso y "el tiempo" es necesario. Nunca crea que por "ir despacio" va a aburrir.

5.5.2 Credibilidad.

Visto el tiempo pasemos a potenciar la credibilidad. Para que todo cuanto hable reduzca al mínimo el cuestionamiento por parte del auditorio, procure remitir citas, nombres, fechas. Inclusive anécdotas, parábolas y a ser posible; vivencias. Al público para creer, además de querer creer, debemos ayudarle con referencias a modo de elementos de apoyo. Cuando finalice cada punto haga un resumen, no tenga miedo en repetir. Si queremos transmitir; hay que repetir. Al auditorio le va a ser imposible estar permanentemente atento a su voz. ¡Son treinta minutos! Van a ocurrir "infinitos" momentos en que "se ausentarán"; yéndose a sus preocupaciones o en los reclamos que en ese momento su cerebro a tenor de lo que usted esté hablando se empieza a cuestionar, a razonar. O la mirada de otro asistente, o la escucha de un comentario del que está sentado a su lado. Téngalo presente: si queremos llegar debemos reiterar.

5.6. Se dice que se ha dicho.

Ya estamos llegando al final… para reiniciar un nuevo ensayo. Ahora va a ensayar uno de los momentos más glorioso de su discurso, corresponde al tiempo, donde el auditorio feliz por lo escuchado, confía que se luzca, usted va a ir repitiendo los puntos clave de cuanto ha dicho. Necesitan, quieren sentirse satisfechos…. y usted también. Se encuentra en la faena cumbre de matar al toro. El tiempo del merecido trofeo, donde todo lo que haya hecho con el capote y muleta va a pasar a un segundo orden si esta faena no se ejecuta como es de desear. Recuerde, estamos en "se dice que se ha dicho". Las pautas a seguir son:

- Repetir todos los apartados en que usted ha dividido el cuerpo del discurso, subrayando mucho con los silencios y el cuerpo, aquello que en su opinión es clave para los asistentes; de ahí la importancia de conocer previamente sus intereses.
- Después de cada punto insista diciendo, por ejemplo: *y es por esto que en mi opinión lo considero de vital importancia para ustedes dado el marco en que nos encontramos, o, esto nos va a servir para reflexionar sobre…, o, después de lo expuesto en este apartado pienso que debemos trabajar para……*El auditorio debe conocer lo importante de su trabajo, el por qué repite aquello y no otro texto. Deben sentirse participes, seres activos; vivos.
- Para finalizar; siempre frases invitando al trabajo, a la participación, por ejemplo: *creo que es un buen momento para cambiar muchas percepciones, para que trabajemos en…para…* No se

olvide de estar mirando constantemente a todos. La cabeza no puede dejar de moverse de un lado para otro. Repita estos movimientos.

- Ahora que está en el ensayo, mientras habla, sobre todo en este punto no se olvide de hacer los ejercicios de respiración abdominal. Como lo va a leer siempre en voz alta, mientras esté ensayando este punto, subraye estas últimas frases con la voz…. y con los silencios con el fin de conseguir que el auditorio en esta conclusión asuma que ha dicho toda la información. Luego se escucha en el supuesto que se haya grabado. Si se acostumbra a hablar desde el abdomen, este le ayudará a marcar el ritmo de cuanto hable, ya que, al apoyarse en esta parte del cuerpo para hablar, es muy difícil –ni queriendo- hablar deprisa. Combínelo con el sabido ejercicio del lápiz en la boca. Ensáyelo hasta mientras conduce, en casa, donde nadie moleste, sus resultados son inmediatos.

5.7. Debate.

El discurso ha quedado atrás, pero su actuación en modo alguno ha finalizado. En la pantalla el cañón está proyectando MUCHAS GRACIAS, con los datos personales que usted ha tenido a bien hacer constar. Se encuentra en el espacio de preguntas y respuestas. El tiempo donde se va a confirmar nuestro buen hacer, la asimilación del programa por parte de los asistentes. Expectativas y cambios generados. Está en el broche de oro que acaba de crear, donde su maestría va a quedar marcada de manera inconfundible.

Momento de ensayar las preguntas con sus respectivas respuestas que usted creo. No se confíe ni justifique por ser usted el autor de hasta las preguntas, el pasar por alto este ensayo. Esta conferencia jamás la va a volver a repetir en su existencia. Auditorio, espacio, miembros de la mesa, hasta usted mismo; absolutamente todos serán distintos. Por eso le comenté en *3.4. Confutación* que a veces ocurre, al iniciar el turno de preguntas la aparición del más sepulcral de los silencios como respuesta del auditorio, y usted no puede permitirse "el lujo" que después de su más brillante exposición despedirse del público, dejar la sala acompañado del silencio. Usted no debe permitirse vivir esos momentos después de un trabajo éxito. Como ya se dijo, sucede en muchas ponencias, quizás por timidez, vergüenza o simplemente por falta de costumbre. El caso es que el auditorio se queda silencioso. Es un momento tenso y no es cuestión de justificarnos con la típica frase *"parece ser que todo se ha explicado tan bien que no ha habido dudas"*. Cómo es así que en algunas ocasiones puede ocurrir, nuestra experiencia para evitarlo, y de esta manera romperlo, aconsejamos seguir los pasos que a continuación señalamos:

a. Frente a su silencioso público hágase usted mismo una de las preguntas ya preparadas con antelación. Es una buena forma de romper el hielo e iniciar el turno de preguntas, preguntándose algún tema que requiere una más detallada información; *"quería comentar que precisamente al desarrollar el tema ya se me planteó"*; dándose a continuación la oportunidad de autocontestarse. Este inicio puede facilitar la primera pregunta del auditorio.

b. También, con el fin ir preparando este colofón de la forma más brillante, en las conversaciones con la presentadora y/o los miembros de la mesa previas al inicio, puede hablar de algo que le preocupa y que le gustaría que le preguntaran para de esta manera poder desarrollarlo como un punto y aparte en el apartado de preguntas. Puede decir a modo de excusa: si hay tiempo hay un punto que me gustaría desarrollar cuando lleguemos al debate, que me hicieran la pregunta del por qué… Es otra forma de forzar el azar, para que el público arranque con preguntas.

c. Si a pesar de ello las preguntas siguen sin llegar y usted tiene interés en subrayar un contenido, o simplemente propiciar un nuevo diálogo, podría iniciar como sigue: *"…al llegar esta mañana al Congreso y comprobar el nivel y asistencia de interesados sobre los temas que tratamos, me he preguntado…"* y expone la pregunta que tenía preparada con su correspondiente respuesta. O *"en la última conferencia que el pasado… me hicieron hincapié en… y efectivamente no iban descaminados porque…"*

Insistimos porque el apartado de preguntas debe ser siempre una realidad. El debate tiene que existir. Usted no puede salir de esa sala solo con el recuerdo de unas palmaditas en el hombro del equipo que lo ha contratado mientras aún resuenan a sus espaldas el más absoluto y escandaloso de los silencios. No se permita perder dignidad. Póngase a ensayar.

5.7.1 Llegaron las preguntas.

Siguiendo las mismas reglas de atención y cortesía dichas hasta ahora, ensaye orientándose hacia su interlocutor centrándose en él, acompañándose de toda su carga de lenguaje no verbal: mirada a los ojos, escucha activa y, ligera inclinación de cabeza. Sonriéndole con los ojos, aunque discrepe. Todo su ser debe estar atento. El que pregunta debe sentir que, para usted, en ese momento no hay nada más importante. Escúchele. Antes de responder, procure repetir la misma frase, idénticas palabras a modo de confirmación. Usted va a responder a una pregunta y para ello necesita que se lo ratifiquen. No crea que es un aspecto baladí, muchos malentendidos se inician por repetir frases con sinónimos o que creemos parecidas, o por estar mientras se escucha generando una opinión o ya la respuesta. Aclarada la pregunta, no se precipite en contestar. Procure:

- Pregunte su nombre con el fin de personalizar la respuesta.
- Sea cortés.
- Prohibido el sarcástico o atisbo de superioridad.
- No personalice.
- Puede que algún asistente, más que preguntarle necesite darle un consejo en público; acéptelo en su medida si es un consejo propiamente dicho. Finalice dando las gracias.
- Y recuerde que es imposible caer bien a todo el mundo.

5.8. Número de veces que debe ensayar.

¿Cuánto tiempo ha de estar preparando, ensayando su discurso? Son muchos son los factores de los que depende: personalidad, estado de ánimo, experiencia previa de "estar frente al público", visualización sobre su ponencia, dominio que usted sienta sobre el tema, duración, público y sobre todo el número de veces que lo haya ensayado. Ensayar siempre le va a proporcionar seguridad...y aprendizaje. Cuando hemos hecho esa misma pregunta a otros profesionales, al ser tantas las variables que intervienen, ninguno nos ha concretado. Siempre frases cómo que, por término medio de uno a tres meses, y a mayor practica menor tiempo; es decir lo que ya presuponíamos. En lo que todos estaban de acuerdo, es que en la preparación no hay que escatimar tiempo. Nada por descubrir. Así que practique. Repita tantas veces como su juez interior le dicte. Es la mejor forma de estar seguros. Haga hincapié en la presentación, en sus primeras palabras mientras ensaya.

¿Cuándo el primer ensayo? ¡Ya! A ser posible nada más haber finalizado su conferencia y tener la presentación estructurada. No se preocupe si nada más iniciar decide cambiarla, hasta posiblemente el título. Ya le hemos comentado que es muy probable que así le ocurra; modifique y continúe. Ensaye. Todo cuanto ha escrito, ahora debe decirlo. Hay que practicarlo: tiene que sentirse a gusto en lo que está contando, poner emoción en lo que esté diciendo. Hablar desde el vientre. Sentirse feliz por transmitir algo que es bueno para el público. Sea sincero.

Esta forma de ver la comunicación, de cómo utilizar el lenguaje de la palabra y cuerpo cómo herramienta de expresión de nuestras emociones requiere que nos remitamos de nuevo a (Hernández, 2010 como López Eire, 2000) qué veían —al igual que Aristóteles- la conveniencia de utilizar la pasión cómo elemento para persuadir, con lo que ello conlleva como medio para modificar cambios de opinión en el auditorio. Como bien dice (Hernández, 2010:2) para la aceptación por parte del auditorio de lo que expone el orador interviene: *El temperamento del sujeto, su estado de ánimo, su equilibrio psíquico y su madurez emocional.* Y todo ello está condicionado por *el tipo de relaciones que mantengamos con nosotros mismos y del modo que nos relacionemos con los demás.* Como seguro que estará pensando, tanto hablando como en silencio, usted estará transmitiendo un lenguaje. Continuamente va a estar comunicando. También Aristóteles dejo escrito dos citas sobre lo que estamos hablando: *la opinión universal es la medida del ser.* ¿Qué medida tiene de usted mismo? Es importante saberlo. Sea la que sea; acéptese y piense que si han confiado en usted para dar una conferencia; muchos son los valores que han "visto" en usted. A continuación, la segunda: *La retórica es el arte de la persuasión.* Hay que entrenar el modo de relacionarnos con los demás, lo que percibimos sobre lo que otros piensan de nosotros, a su vez, también nos conforma, forma parte de la referencia que tenemos sobre nosotros mismos. Hacemos hincapié porque será en esos treinta minutos el tiempo donde deberá colmar los posibles intereses y necesidades del auditorio. Comunicar, no solo es cuestión de hablar bien, tener buena presencia, ser un experto y haber preparado el texto más "sabio", sino en "ese todo" que hasta este momento hemos hablado, por lo que vamos a empezar a volver a ensayar nuestra salida al estrado. Vamos a desgranar "ese todo", ensayarlo y aplicándonos toda la humildad del mundo; quizás va a tener necesidad de aceptarse y perdónese. Hágalo. Usted mismo se va a sorprender como va a empezar a crecer y crecer en el mismo momento de que empiece a practicarlo. Continuemos.

CONSEJOS PREVIOS A SU EXPOSICIÓN

Estamos llegando al final de cuanto nos propusimos. Ya ha recorrido casi todos los pasos: creación de la conferencia, presentación y ensayo. Solo le resta su exposición. Llevar a cabo su propósito. Déjenos recordarle la necesidad de hablar sobre "la palabra". Sobre ella dice nuestro diccionario de la RAE en su primera, tercera y cuarta acepción: 1. Segmento del discurso unificado habitualmente por el acento, el significado y pausas potenciales inicial y final. 3. Facultad de hablar. 4. Aptitud oratoria. Así que vamos a reiterar pautas. Antes la salvedad de que en modo alguno es nuestra pretensión modificar su estilo, personalidad y carácter con todo lo que se está exponiendo en este libro, solo recordarle elementos que a los grandes oradores les ha servido para alcanzar el reconocimiento:

- Hable templado, atrevido y satisfecho. Hágalo igual que cuando le acompaña la razón.
- Procure que el estereotipo con el que piensa presentarse corresponda a quien usted es. Es decir; sea usted lo mejor de sí mismo. Le recuerdo que las personas que van a ir a escucharle ya ha apostado por usted. Esté tranquilo. Tiene toda la total confianza del auditorio y de la empresa que lo ha contratado. Por eso van.
- Conozca los intereses del auditorio. *Pregunte a quien le haya contratado.*
- Sepa de lo que está hablando, de las ventajas que va a suponer para el público y dígalo con convencimiento y frenesí. El apasionamiento encanta y contagia. Sí, debe ser enérgico en sus gestos, aunque con ritmo. Los cambios de postura atraen la atención y nos pueden servir para destacar aquello que

deseamos. La cadencia, el compás es una manifestación de la belleza y gusta. Cómo ya comentamos, el resultado de una conferencia es el conjunto formado por el conferenciante –su presencia física y curriculum-, la conferencia en sí, voz, mirada, gestos, confianza, respeto al auditorio y sonrisa. A cada cambio de punto, de tema, necesariamente debe variar en algo; postura, gesto, andar unos pasos. Para transmitirlo apóyese en el convencimiento sobre el beneficio que va a reportar a los demás su ponencia. Si lo cree, el público también lo va a creer. El entusiasmo es movimiento, es comunicación no verbal, y como usted bien sabe la visión al igual que la escucha, no se produce en el ojo, sino en el cerebro, por eso vemos, oímos según pensamos. Usted ya tiene muchos elementos a su favor, ahora es cuestión de mantenerlo; inyecte pasión, movimiento.

- Colme su vínculo de imágenes. Pura emoción.

- Le recuerdo practicar los silencios. **A c**ada salto de tema, o tenga que decir algo que considere que el auditorio debe recordar, que es un punto de entrada a la creación; guarde un silencio. La ausencia de la palabra siempre llama la atención, potenciando el silencio en la sala y predispone al auditorio a la escucha activa; orientan sus sentidos hacia usted asegurando éxito. En definitiva, todos van a escuchar lo que usted quiere que recuerden.

- En cada apartado si tiene oportunidad, incorpore alguna experiencia personal sobre el tema que está tratando. Además de sinceridad, va a transmitir al auditorio un plus de experto y una nueva conexión emocional.

- Si la exposición es a través de una lectura, porque no hay equipo auxiliar o porque en su opinión no es necesario, el contacto ocular debe mantenerlo. Cuando necesite dirigirse al texto de la presentación para leerla, al ser ésta su guía, no hable en ese momento. Hablar solo se hace mirando al público. Deténgase para leer, lea, levante el rostro y mirando al auditorio comience a hablar. Como solución puede seguir estos pasos:
  - *Mirar al público.*
  - *Lectura interior.*

- *Mirar al público.*
- *Verbalizar la frase.*
- *Mirar al público.*
- *Lectura interior.*
- *Mirar……*

Esta es una técnica que proporciona gravedad y apariencia, aunque requiere mucha práctica. Personalmente le aconsejo hacer siempre uso de los medios auxiliares y ensayo.

• Si con anterioridad a usted ha habido otro conferenciante, esté atento a las posibles palabras clave que pueden ser de utilidad para incorporarlas a su discurso. Al llegar su turno repítalas *"como bien ha dicho……"* y continúe.

• Haga lo posible por agradar y sea humilde. Sonría y contacto ocular.

• Disfrute, el auditorio necesita verlo feliz. Sentir que en ese momento usted está haciendo aquello que más desea.

• Cuando tenga la oportunidad de que alguien pregunte, aprovéchela para hablarle como lo que es; la persona más importante en ese momento para usted. Que el auditorio nos pregunte es uno de los finales más brillantes que un conferenciante puede vivir. El que pregunta además de haber escuchado su exposición, está generando un hecho diferencial con respecto al grupo, a veces, con suficiente capacidad desinhibidora, para que nuevas preguntas florezcan. ¿una nueva invitación a otro evento? La interacción en la respuesta facilita nuevas intervenciones. Cuide esta faceta, máxime cuando son pocas las preguntas. Recuerde lo que dice *Arnold Bennett (1867-1931):* El noventa y nueve por ciento de las fricciones de la vida cotidiana son producidas por el tono de voz.

• Tenga escrito y confirmado por cualquier emergencia que pueda surgir: Fecha, hora, dirección, sala, número de teléfono móvil, correo, *Messenger* y *WhatsApp* de los coordinadores del acto.

• Aproveche el tiempo previo a su presentación para ir conformando estereotipo y ampliando información. Tenga presente que se encuentra en una reunión donde va a tener la oportunidad de obtener nuevos contactos profesionales ampliando auditorio para otros eventos. En este espacio pregunte al reducido grupo con quien conversa sobre sus inquietudes ¿Qué información esperan obtener? ¿Qué les ha hecho asistir? Intente sondear datos significativos. Pregunte, pregunte, y por favor: p-r-e-g-u-n-t-e. No hable mucho. Le recuerdo el dicho español; *el que pregunta gana y el que habla pierde.* Usted se encuentra en el tiempo de obtener información; para lucirse después hablando en el acto que le han preparado donde de inmediato va a lidiar. Si está nervioso, excúsese marchando al aseo o salga a la puerta y relájese.

- Si usted ha llegado hasta aquí es porque quiere transmitir información a otros y alcanzar algo tan digno como es ayudar a otros y triunfar. Enhorabuena; cómo usted no hay otra persona en el mundo, usted siempre será escuchado de manera distinta a cualquier conferenciante. La marca personal determina,

- Asuma sus nervios. Lo está porque usted es responsable. Hablar en público crea turbación y ansia. Hace ya más de dos mil años Cicerón dejo escrito que todo discurso público de verdadero mérito tenía como denominador común el nerviosismo.

- Hable siempre de temas que sea importante para usted y envuelva su discurso con emociones, el público debe saber cómo se siente; así que exprésalo. Si a pesar de todos los ejercicios de respiración y relajación, persiste el nerviosismo empiece diciendo: a pesar de las veces que lo he ensayado sigo estando nervioso… Al llegar aquí, a pesar de lo relajado que creía que estaba, pues… Si viene al caso hable de sus experiencias.

- Los primeros momentos son determinantes. Lo que vaya a decir en ese tiempo, además de muy ensayados, todo aprendido de memoria. Usted se sentirá más seguro y ese estado será captado por el público. Sonría y mire a todo el auditorio mientras le agradece su asistencia, como si fueran sus amigos.

- Respete el tiempo que le han asignado para su intervención, calculando presentación y posibles preguntas. Si le dicen que el tiempo depende de usted, ajústese al término medio de treinta minutos.

- Haga de la comunicación un hábito y se sorprenderá al comprobar que la está aplicando hasta en la más elemental reunión.

- Dese la oportunidad de mostrar lo que ya es; un maestro. Por lo que empiece a ir eliminando barreras. Si está sentado, levántese para situarse delante de la mesa o vaya al atril. Si quiere más; deje la tarima y hable desde la primera fila de platea, o paséese por el pasillo. Seguro que lo sacan a hombros. Confíe en todo lo que se preparó para el éxito de este día: los ensayos frente al espejo, los amigos y fluya.

- No mienta.

Consejos previos a su exposición

EL DÍA

Por fin ha llegado el día buscado.

Va a ser un éxito porque usted insistió; quiso hacerlo.

A la mente me viene la frase de *Giovanni Boccacio (1313-1375): Vale más actuar exponiéndose a arrepentirse de ello, que arrepentirse de no haber hecho nada.*

Por fin va a empezar a hablar sobre aquel discurso que con tanto esfuerzo y cariño preparó.

Respire profundamente y espere al clarín. Usted ha llevado a cabo todos los pasos. Ensayado hasta la satisfacción.

La faena va a ser un éxito.

Su auditorio, está impaciente, nervioso; pero de alegría por darle la alternativa.

Confiamos que estas hojas le hayan sido útiles.

¡Bienvenido Maestro!.

ANEXO

EUESTRÉS. SOBRE LA OXITOCINA.

Texto de nuestro libro "Formador de formadores. Docencia de la formación"

Queremos destacar al Dr. Paul Zak[1], profesor de la Universidad de Claremont en California del Norte, uno de los científicos que mayor información nos ha aportado a través de exámenes neurológicos llevados a cabo con el fin de poner al descubierto como funciona de la empatía en nuestro organismo. Más  adelante, de nuevo hablaremos de él, cuando expongamos el valor de la confianza.

La ciencia nos ha mostrado que es en la glándula pituitaria donde se genera la oxitocina, una sustancia química directamente relacionada con la empatía, y que podemos medir mediante análisis de sangre. El Dr. Zak descubrió que los cambios en los niveles de oxitocina se correlacionan con la sensación de empatía de las personas. Es decir, que la empatía es la hormona responsable encargada de forzar al azar para que nos preocupemos por los otros; forjando a que seamos seres morales. Sobre lo dicho con anterioridad sobre el instinto maternal, ahora sabemos que las primeras madres que tendieron a cuidar de su prole, la conducta generó por primera vez una descarga de oxitocina, sensación agradable que tendió a reforzar esa conducta hasta convertirla en vital, necesaria. Atender a la prole no es una cuestión religiosa o

---

[1] Fotografía tomada de https://www.cgu.edu/people/paul-zak/

filosófica: es cardinal. Paso determinante en la evolución, porque no todas las especies hasta ese momento controlaban a su prole. Solo aquellas que atienden a su descendencia son las que tienen mayor probabilidad de supervivir. Aún existe, no es un mamífero sino un ave, y no se ha extinguido. Para nada dedica su tiempo a la cría, me estoy refiriendo al Cuco que siempre deja sus huevos en nido ajeno. El caso es que forma parte también de nuestra especie el atender a nuestras crías, y es porque nos gusta. Proporciona "placer". La empatía seguida de una descarga de oxitocina, es un facilitador del desarrollo de conductas que llamamos morales; como ser confiable, honrado y amable. La empatía nos permite compartir emociones con los otros, hecho que nos motiva a tratarlos de forma apropiada.

El formador debe reflexionar profundamente sobre este valor, y desde su autoridad basada en el conocimiento y la autoridad fomentar, transmitir esta valía en el grupo. Sus componentes deben introyectar la importancia de estar dispuesto a integrarse de forma consciente en el proceso inteligente de la vida y tomar partido, máxime cuando nos encontramos dentro de un espíritu del tiempo donde en muchos sectores la educación y el trabajo se están basando en el individualismo y la competencia, tendencia que como estamos viendo, se opone a nuestra naturaleza y evolución. Un enfrentamiento a nuestro proceso inteligente de vida.

LA CONFIANZA.

La confianza proporciona seguridad y participa en la génesis y mantenimiento de la paciencia y la empatía.

Para saber por qué la gente tiende a la confianza, de nuevo vamos a referirnos al Dr. Paul Zak, y hablar de su campo de investigación al ser uno de los científicos más preocupados por esta esperanza plena. Constructo que engloba la moral; conjunto de costumbres y normas de comportamiento que el ser humano tiene introyectado como buenas y que nuestro RAE en las distintas acepciones se refiere *a las acciones de las personas, desde el punto de vista de su obra en relación con el bien o el mal. Que concierne al fuero interno o al respeto humano, y no al orden jurídico.* La confianza es un *Estado de ánimo, individual o colectivo. Ánimo para afrontar algo.* Y en la novena y última acepción se refiere a *actividades que implican confrontación o esfuerzo intenso, confianza en el éxito.* Efectivamente, como no podría ser de otra manera habla de *"la confianza".* La confianza es un valor fundamental y como tal, todos debemos poseer. ¿Cómo vamos a poder efectuar acción alguna si carecemos de confianza? Necesitamos creer. Si tomas la decisión de seguir a "ese" instinto básico y huyes es porque tienes la plena confianza de que vas a salvar la vida. y si decides hacer frente, es porque de nuevo tienes la firme confianza de que vas a ganar. ¿Cómo acometer alguna acción sin contar con la confianza, con la certeza que estás haciendo la correcto? La confianza proporciona seguridad y participa a su vez, en la génesis y mantenimiento de la paciencia.

De nuevo vamos a referirnos al Dr. Zak, en su investigación sobre la existencia de una química de la moralidad y confianza, donde pudo comprobar empíricamente lo determinante que es la oxitocina para el desarrollo de este valor. Esta hormona exclusiva de los mamíferos, tiene la virtud de ser el motor, hacer posible en las hembras de los roedores cuidar por su camada y a las mujeres facilitar el parto y la lactancia. Para llevar a cabo la investigación sobre la confianza, convocó a un grupo de sujetos para llevar a cabo prueba, y que por el simple hecho de participar recibieron 10$. Se les dieron instrucciones consistentes en que tenían que reasignar —si así lo deseaban- una parte de los 10$ que habían ganado por participar a otra persona del grupo. Solo podían hacer una entrega. Los investigadores quedaron desconcertados: el 90% decidió enviar dinero. ¿Por qué entregaban dinero? Llevaron a cabo una toma de sangre antes y después, encontrando al medir la oxitocina que cuanto más dinero recibía la segunda persona más oxitocina generaba el cerebro de quien entregaba, lo que a la vez generaba más deseo de entregar dinero. La conclusión fue: existe una biología de la confiabilidad. Pero como investigadores que son, le surgió una duda en la relación entre oxitocina y confianza.

¿Era esta hormona la que provocaba la confianza? ¿La relación es directa? Pusieron manos a la obra con un nuevo ensayo. Invitaron a una selección de doscientos sujetos a la anterior prueba. Esta vez crearon dos grupos; a uno de ellos, previamente, a través de un inhalador nasal, les proporcionaron oxitocina, al otro se les facilito un placebo. Los expuestos a la oxitocina no solo mostraron más confianza, sino que consiguieron duplicar la cantidad de personas a las que enviaron todo su dinero. Recordemos: *primero es la conducta, conducta que provoca oxitocina. Oxitocina que provoca una agradable sensación; placer. Delicia que crea adicción a confiar, a realizar una conducta moral. Conducta que genera más oxitocina.* Creo que podemos afirmar que la oxitocina es la hormona de la confianza. Pero ¿Por qué lo hacemos? ¿Qué se siente cuando la oxitocina inunda el cuerpo? Sentimos confianza y empatía.

EJERCICIOS DE RESPIRACIÓN.

Respirar es el proceso que iniciamos inspirando ese gas más pesado que el aire, incoloro, inodoro e insípido, que activa todo proceso de combustión, que nos enciende, quema y constituye casi la quinta parte del aire atmosférico en su forma O2. Sin oxígeno la vida no puede existir y ese órgano, esponjoso, blando, flexible, que se comprime y dilata, que hace el milagro de tomarlo es con el que vamos a trabajar a continuación.

Si queremos reducir a cero los posibles lapsus de una buena conferencia, necesitamos de una buena oxigenación de nuestro cerebro. Es decir, debemos empezar por concentrarnos en nuestra propia respiración; respirar correctamente. Nuestros pulmones tienen una capacidad de aire de cinco litros por término medio y en nuestra actividad cotidiana apenas utilizamos la cuarta parte.

Deje ahora de leer el libro, céntrese en su respiración y constatara esta realidad; solo está ventilando una pequeña parte pulmones. Al no renovar esa parte del aire que permanece estanco nuestro sistema nervioso Simpático provoca una inspiración profunda, consiguiendo de forma inconsciente que nuestro organismo renueve el aire viciado de esa zona extrema de nuestros pulmones. Los ejercicios deben procurar hacerlos en una habitación aireada o al aire libre y repetirlos de tres (3) a cinco (5) veces.

Ejercicio nº 1

Con el cuerpo erguido, puede ayudarse acercándose a la pared más cercana y apoyándose en ella, con los pies juntos en paralelo, posición firmes, comprimiendo un poco el abdomen y cabeza al frente –siempre apoyado en la pared para que esta nos sirva de referencia en rectitud- efectuara en esta posición tres respiraciones completas intentando llenar nuestros pulmones.

Al finalizar y ya teniendo la referencia gracias al apoyo en la pared daremos unos pasos hacia adelante y una vez separados de ella, de nuevo en posición de firmes y pies paralelos efectuaremos las tareas siguientes: levantaremos los brazos lateralmente hasta formar una figura en cruz con la palma de las manos hacia el frente, a la vez que desde su inicio efectuamos una inspiración profunda por la nariz. Una vez en cruz y con los pulmones repletos de aire, iremos poco a poco acercando los brazos a la vez que exhalando el aire por la boca y flexionando ligeramente las piernas, al juntar las manos efectuamos una ligera contracción del estómago poniendo el acento en el diafragma con el fin de ayudar a expulsar el aire retenido en esta zona.

Ejercicio nº 2

Con el cuerpo recto levantaremos los brazos con la palma de las manos mirando al frente, una vez en esta posición iremos inclinando el tronco hasta alcanzar aproximadamente los treinta/cuarenta grados. En esta postura comenzamos a espirar profundamente por la boca hasta la total expulsión del aire. Con los pulmones vacíos volvemos a la posición vertical y lentamente aspiraremos por la nariz de nuevo el aire hasta el máximo de su capacidad pulmonar.

Una vez llegado a este punto, con un movimiento enérgico, intente aspirar de nuevo un poco más de aire impulsándolo hacia la parte superior de los pulmones. Espire lentamente mientras baja los brazos lateralmente hasta volver a la posición de firmes.

Ejercicio nº 3

Sentado, firme, comprima todo lo que pueda el estómago con el fin de expulsar el máximo de aire. Sin aire ya, inspire lentamente durante tres segundos enviando el aire al vientre, reténgalo otros tres, y durante otros tres espire. Si por su capacidad pulmonar considera que tres segundos es un tiempo muy reducido, inicie la sesión con el corte de segundos en donde su naturaleza le permita.

Una vez cumplida la primera semana iremos aumentando un segundo en cada fase del ciclo (inspirar, retener, espirar) hasta que una respiración completa alcance los sesenta segundos.

EJERCICIOS DE RELAJACIÓN.

Nos sentaremos en una silla de respaldo recto, el cuerpo erguido, si tenemos dificultad para sentirnos descansados, lo haremos sentándonos justo pegados al respaldo con el fin de que nos sirva de apoyo y guía, si lleva gafas se las quitará, depositándolas en un lugar cercano. La mirada al frente, las manos boca abajo apoyadas sobre los muslos y ahora, con los ojos cerrados nos concentraremos en nuestra propia respiración, respiración tranquila y suave, sintiendo la entrada y salida del aire por nuestros pulmones, por nuestro estómago. Tan solo concentrarse en su propia respiración, sintiendo el fluir del aire.

Sin forzar nuestra ventilación; inspiramos por la nariz, espiramos por la boca. Si queremos descansar un poco en la espiración manteniendo de esta manera unos segundos parado este ciclo, lo hacemos. Todo sin forzar e intentando estar presente en lo que hacemos. Volvemos a retomar aire, lo expulsamos y, así, en este estado consciente de lo que estamos haciendo, permaneceremos a lo largo de seis/diez respiraciones completas.

Ahora, mientras aprecia este fluir del aire, va a empezar a centrarse en las distintas partes de su cuerpo que a continuación iré nombrando. Se inicia en la frente, fija su atención en ella, procurando sentirla. Puede que comience a percibirla con toda su intensidad hasta sentir su hormigueo, su prurito, en ese momento recréese en ello mientras respira.

Después de cinco a siente respiraciones completas, abandone su frente centrando toda su atención en los ojos. Nos situamos en ellos para detenernos primero en el ojo izquierdo; ceja, pestañas, recorremos todo el esfínter, percibimos su cosquilleo, hemos descubierto toda su realidad y nos recreamos en ello sin importar el tiempo – al principio lo normal son tres respiraciones completas -. En una de estas espiraciones, se pasa al ojo derecho; de nuevo ceja, pestañas, esfínter, dejándose grabar por la impresión que recibe. Pasado el momento del ojo derecho, ahora centra su atención en los dos, intentando recrearse con toda la gama de sensaciones que estos le están manifestando y así, en este estado, de nuevo nos dejamos llevar de cinco o siete respiraciones completas para pasarnos al cuello. A ese fuerte musculo, que a lo largo de todo el día mantiene erguida nuestra cabeza repetiremos la misma acción: con los ojos cerrados y el cuerpo erguido, ahora nos centraremos en él, en el musculo esternocleidomastoideo.

Empezaremos a distinguir las primeras impresiones del cuello justo en el momento en que empecemos a recreándonos en ellas. Efectuamos todo su recorrido, realizamos una vuelta completa, nos dejamos llevar por todo el conjunto de percepciones, pasamos ahora al hombro derecho, distinguimos toda su expresión y en una espiración, pasamos al hombro izquierdo repitiendo todo lo anterior. Nos distanciamos poco a poco de esta escucha local para centrar nuestra atención en la totalidad del cuello y hombros. En este estado, al igual que el anterior, permanecemos entre cinco y siete respiraciones completas. Pasamos ahora al brazo derecho; lo atendemos y para ello empezando por el deltoides, pasamos al bíceps, tríceps, hasta llegar al codo, al igual que en las anteriores partes del cuerpo, vamos poco a poco descubriendo todas las sensaciones que esta parte de nuestro cuerpo nos está brindando recibiéndolas con curiosidad.

Mantenemos toda nuestra atención aguzando los sentidos y como desde el inicio, en la última espiración de entre cinco o seis, pasamos al antebrazo. Centramos nuestra atención en el antebrazo, recorriendo toda su área, desde el codo hasta la muñeca. Nos recreamos con toda la gama de efectos que percibimos ahora del antebrazo –cinco o seis respiraciones completas- y pasamos a la mano. Tarso, metatarsos y dedos. Mientras siente el prurito que le transmite la mano en general, poco a poco se va centrando en la punta de sus dedos, en esos últimos espacios de nuestro sistema nervioso. Quizás su sensibilidad haga que perciba la ola iniciada por el latido de su corazón en las yemas de los dedos. De nuevo intenta recoger una impresión general de su mano y lentamente va percibiendo, sintiendo que le está pesando la mano, poco a poco le va pesando más la mano; le pesa mucho la mano.

Siente esa dulce pesadez y en este estado en el que ya habrán transcurrido las respiraciones mínimas, se traslada al brazo izquierdo con el fin de repetir el mismo proceso. Recorre el humero, centra su atención desde la clavícula hasta el codo, percibe el bíceps, tríceps con toda su grandiosidad, su hormigueo, usted permanece abierto y atento a la información que el cuerpo le transmite, y como desde el principio, en la última espiración baja al antebrazo.

Codo, sigue el recorrido hasta la muñeca, se deja llevar por el hecho de concentrarse en ese juego de señales que el cuerpo le está trasmitiendo y pasado el tiempo fija la atención en su mano izquierda. Repite el mismo proceso que ha llevado a cabo con su mano derecha, dirigiendo su atención a los dedos, a la palma de la mano, la siente y a la vez, comienza a notar como también la mano izquierda se vuelve pesada, cada vez más pesada, toda la mano, todo el brazo le está pesando. En este estado, lentamente abandona la mano, para deslizarse al pecho recorriéndolo en su totalidad. Se detiene al reconocer toda la gama de matices que le quiere comunicar –pecho derecho, izquierdo-, pasa al estómago, al vientre, intenta sentir todo su proceso hasta que pasadas cinco, siete respiraciones, se traslada a sus órganos sexuales.

No se impaciente si en las primeras sesiones le cuesta percibir una información tan viva como la recibida hasta este momento; es natural que así sea, será la práctica la que poco a poco le irá abriendo este nuevo camino. Va a entrar ahora en las extremidades inferiores y para ello va a empezar por centrarse en el muslo de la pierna derecha, efectuamos todo el recorrido, toda esa larga extensión que supone el fémur, la extremidad más larga de nuestro organismo, juega con toda esa dulce gama de matices que se están produciendo en ese momento para usted, finaliza la respiración y baja a la tibia, al peroné. Aquí se detiene en los gemelos, en su pantorrilla para sentir esta parte de su cuerpo, y siempre sin crear juicios de valor, sin emitir siquiera una opinión; limítese a sentir su cuerpo.

Baje al tobillo, poco a poco va percibiendo con toda su grandeza el manantial de sensaciones que constantemente el cuerpo produce. Párese en el pie, sienta como su zapato está ahí, recordándole su presencia y se recrea en ello. Para algunos posiblemente sea la primera vez que experimentan esta vivencia. Pase ahora a los dedos del pie derecho, deteniéndose para escucharlos con toda su riqueza de matices. Con este nuevo enriquecimiento inicie definitivamente el recorrido por el muslo izquierdo. Sienta su prurito, deténgase y agudice los sentidos durante unos minutos prestándole toda su atención.

Deje la rodilla atrás bajando a la pierna. Céntrese en sus gemelos, la parte más carnosa de nuestra pierna, deténgase y perciba. Lentamente inicie el descenso hasta el tobillo, ajuste su atención por unos momentos y pase al pie. Aprecie su zapato, dedos, sus yemas, y una vez concluido respire profundamente y al espirar déjese sorprender escuchando los latidos de su corazón.

Sienta como una sensación de paz y de tranquilidad inunda su cuerpo; está sereno, se siente bien. Su respiración ahora es tranquila y suave.

Suspenda la respiración si no lo requiere. Inspire de nuevo si lo requiere. Inspire, espire, inspire, espire. Permanezca recreándose en su propia respiración. Si necesita respirar hondo y profundo, hágalo, déjese llevar, viva el presente, ordene al hemisferio izquierdo que se calle de una vez y disfrute de ese momento único.

Perciba la paz de haber desconectado del cuentacuentos del hemisferio izquierdo al que esta encadenado. Sea feliz, dese el regalo de un retazo de felicidad. Llene de aire su estómago y pecho. Sienta todo su cuerpo; perciba el aquí y ahora. Permanezca por unos minutos en este estado, concentrado en su respiración e intente visualizar una imagen de la naturaleza: campo, playa. Un lugar anhelado que a usted le guste: la imagen de un lugar donde ha sido/es dichoso, donde tiene un recuerdo hermoso.

Dado que es la primera vez que realiza este ejercicio, puede haberle costado encontrar esa imagen solicitada. No se preocupe si este es su caso ya que nos ha ocurrido a todos. Visualice sin más una imagen para usted hermosa de por sí de cualquier lugar, no importa donde, bien sea porque lo ha visitado o porque al verlo en el cine o documental le emociono su contemplación. Permanezca así, recreándose en esa imagen durante unos minutos, reconociéndose en ese maravilloso estado de tranquilidad. Alcanzado el objetivo va preparándose para finalizar la sesión.

Para ello moveremos los dedos de los pies, después los dedos de las manos, los músculos de la cara; tres partes importantes de nuestro esquema corporal y ahora, cuando quiera, abran los ojos. Este ejercicio deberá repetirlo todos los días y a ser posible a la misma hora con el fin de facilitar la adquisición de su hábito. Repasemos. Sentados, postura erguida, centra su atención en distintas partes del cuerpo:

1.	Frente.	12.	Estómago.
2.	Ojos.	13.	Vientre.
3.	Boca.	14.	Órganos sexuales.
4.	Cuello, hombro.	15.	Muslo derecho.
5.	Brazo derecho.	16.	Pierna.
6.	Antebrazo.	17.	Pie.
7.	Mano.	18.	Muslo izquierdo.
8.	Brazo izquierdo.	19.	Pierna.
9.	Antebrazo.	20.	Pie.
10.	Mano.	21.	Visualización.
11.	Pecho.	22.	Paz, tranquilidad.

Dada su importancia y con el fin de que esta práctica diaria se convierta en un hábito y no dejar de hacerlo por La-falta-de-tiempo-con-que-mañana-mismo-se-va--a-encontrar-asi-que-lo-va-a-dejar-para-el-domingo-que-estara-mas-tranquilo-y-lo-va-a-programar-ya-que-no-va-a-tener-interrupciones-de-ningún-tipo.

Recomendamos que antes de iniciarlo, dedique unos minutos a hacerse un programa, una meticulosa planificación de cuándo va a empezar a realizar los ejercicios, en qué lugar, día y hora. A pensar si le viene mejor realizarlo por la mañana, tarde o noche. Tomada la decisión, el siguiente paso es saber ¿Dónde?, ¿en qué estancia?, recuerde que tiene que ser un lugar ventilado, temperatura media, con poca luz y a ser posible sin ruido. Si ha decidido hacerlo en una estancia cercana a la familia, reunirla antes y comentar la importancia que esto supone para usted y como consecuencia para todos. Esto es muy importante porque al ser algo nuevo tenemos que hacer partícipe a nuestro grupo primario, que comprendan que usted eso es lo que quiere y que lo respeten. Recuerde que la práctica de estos ejercicios le va a ayudar no solo a enfrentarse a ese público que le espera, a una nueva conducta, sino también a mejorar su calidad de vida, aumentar su autoestima, confianza y como consecuencia es muy importante la colaboración de su entorno, de aquellos con quien vive y ama.

Repetimos: el miedo, el estrés, perfectamente lo vamos a controlar con lo que acabamos de llevar a cabo, y…... con la preparación que ahora mismo iniciamos.

CIERRE PRESENTACIÓN.

Datos mínimos.

Muchas gracias.

Su nombre
Formación
Correo
Móvil

LENGUAJE NO VERBAL.

También a su disposición descargando de Amazon el libro "Formador de formadores. Docencia de la formación".

Como decíamos, estamos en el apartado donde vamos a tratar de cómo nuestro cuerpo acompaña a la palabra. De esos momentos que inclusive, hasta llegamos a hablar sin pronunciar palabra. Nos encontrarnos con el **lenguaje no verbal**. En toda comunicación el movimiento corporal es parte inherente del proceso; no solo es el oído el sentido que participa. La vista y todo cuanto el cerebro transmite, también puede llegar a determinar el éxito de una conferencia. Somos una entidad corporal. Son todos nuestros sentidos sustentados por nuestro cuerpo los que comunican. Concurrimos toda una fuente de información integral y como tal debe estar armonizada y controlada. Así que empecemos: este erguido sin llegar a la prepotencia y siempre mientras le estén hablando oriente su cuerpo hacia el interlocutor. Aun en el más absoluto de los silencios, nuestro cuerpo permanentemente está comunicando. De hecho, por este medio podemos: reemplazar palabras, enfatizarlas y hasta contradecirlas. Tener la potestad de captar y transmitir orden, armonía e imagen; elementos clave en todo proceso de comunicación; ayudándonos a mantener la atención activa de los asistentes. Afianzarles en confianza hacia nuestras "palabras". Ejercitarnos en el lenguaje no verbal desde calcar cuando se considere la actuación de los ofidios, en su forma tan exquisita de hipnotizar a través de su cadencia en los movimientos de cabeza hasta a través de la sonrisa Duchenne. Nos encontramos ante el lenguaje que nos va a permitir al ser utilizado como herramienta, a desterrar el aburrimiento entre los asistentes independientemente del texto. Otro buen ejercicio va a consistir en observar, estudiar el lenguaje no verbal de actores y políticos. Haga una selección de los que, en su opinión, mejor interactúan y declame ejercitándose delante de un espejo. Fácilmente podrá alcanzar tres objetivos:

1) Modelarse.
2) Trabajar "el miedo", esa falsa advertencia que le está diciendo "no estás preparado".
3) Ser consciente –y como consecuencia incrementar toda posibilidad de mejorar- de todo lo positivo que estamos ofreciendo en la interacción. Tenga siempre presente que, si quiere alcanzar algo, es porque puede hacerlo. La naturaleza nunca le va a poner delante de algo para lo cual no está preparado. Tan solo necesita el marco en donde plasmar de una forma ordenada todo cuanto va a decir, y usted ya es poseedor de ello. Tiene el contenido de lo que va a hablar, su estructura, la confianza que en usted han

depositado quienes le han contratado, de aquellos que le van a escuchar y, el entrenamiento en que está ahora inmerso. La preparación es el elemento cardinal de toda comunicación. En cuando hay confianza, "con-fiar" "con-fe", el temor se difumina. Así que no lo olvide: ensayo, ensayo y ensayo, para alcanzar:

- Seguridad.
- Control de tiempo de exposición.
- Confianza.
- Respeto.

Recapitulemos: nuestro cuerpo al moverse, gesticula y/o andamos. Está conformando parte del lenguaje verbal que estamos formulando. Nos está acompañando y en la interacción; revelándonos, logrando desde el primer momento ser percibidos por el auditorio con el oportuno estereotipo de: simpático/antipático, confiable/desconfiable, culto/inculto, maestro/novillero. Nuestra postura es la unidad que primero "se va a ver". Que al unísono se va a interpretar asignándonos un marchamo. Ininterrumpidamente nuestra postura va a estar enviando señales sobre lo que somos. Nuestra presencia está generando: opiniones, sentimientos y juicios.

Aunque con una larga historia, su estudio podríamos fijarlo a inicios de la segunda mitad del siglo pasado (1959), cuando el psiquiatra Donald deAvila Jackson (1920-1968) fundara en Palo Alto, California del norte, el Instituto de Investigaciones Mentales –de ahí el nombre de Escuela de Palo Alto con el que mundialmente es conocido- donde junto a Paul Watzlawich (1922-2007) elaboraron una teoría de la comunicación interpersonal, -Teoría de la comunicación humana y del constructivismo radical- base de lo que hoy se considera; conocimientos gnosealógicos -de gnosis: conocimiento absoluto e intuitivo- que con la incorporación de los investigadores Erving Goffman (1922-1982), George Bateson (1904-1980) y Albert Scheflen (1920-1980), dio paso a la **Teoría General de la Información.** Dicha investigación surgió por el interés de los "grandes medios" de dar respuesta a los problemas que planteaba la comunicación en un momento social tan emergente, dónde la información, publicidad, TV y cadenas comerciales eran –lo siguen siendo- elementos esenciales a la hora de conformar y dar sentido a los valores de la sociedad.

Paul Watzlawich aporto los cinco axiomas relacionados con la teoría de la comunicación, en los que usted debe trabajar:

1. Es imposible no comunicar. Haga lo que haga, diga lo que diga; usted está entregando una información.
2. Toda comunicación contiene un contenido y una relación, siendo este último el que clasifica al primero.
3. La naturaleza de una relación depende del nivel que se asignen los participantes y como interprete cada uno su comportamiento en función del otro. En esta ocasión no puede olvidar que usted debe asignarse y ejercitar como tal, el papel de portador del conocimiento con la autoridad que ello representa. En ese momento no solamente usted está por encima porque lo han subido a un estrado, esta como está por su conocimiento. Esto debe reflejarlo en su comportamiento y ensayarlo, dado que su conducta final será una adaptación al reflejo de la conducta que usted recibe del auditorio. Es por ello que todo idéntico discurso, difícilmente podrá ser igual ante distinto público.
4. Toda comunicación contiene una modalidad digital "la palabra", y otra analógica "no verbal".
5. Los intercambios en la comunicación pueden ser simétricos – entre iguales- y/o complementarios –donde está presente algún tipo de autoridad; como es su caso.

Para el apartado que nos ocupa que es el relacionado con el lenguaje no verbal, vamos a tomar como referencia a Albert E. Scheflen autor de la conocida frase "las personas te pueden engañar cuando te hablan, más existe un lenguaje no verbal, de signos inconscientes que no pueden disimular" Había que esperar al nuevo siglo, al impulso que dio la neurología para empezar a obtener el fruto de las aportaciones de Rizzolatti, Ramachandran y de Paul Brook entre otros que a continuación hablaremos dado el beneficio que podemos obtener de sus investigaciones. Scheflen fue uno de los creadores de la cinesis, donde afirma que en la comunicación, la palabra aporta el 20% y el 80% restante corresponde al lenguaje no verbal, donde dentro de éste; se encuentra el corporal o cinesis. En sus investigaciones pudo comprobar cómo cuando dos personas comparten idénticos puntos de vista, también sus cuerpos tienden a adoptar análogas posturas; aparece una intención inconsciente. Uno de los ejemplos más conocidos, lo podemos apreciar cuando observamos a una pareja cuando están hablando sentados y; si existe una armonía, acuerdo, nexo de unión, y uno tiene las piernas cruzadas de una determinada manera, el otro tiende a igualar la postura. Si cambia, al unísono también el otro cambiará. Las posturas, nos hablan de la complacencia que podemos estar sintiendo en un momento determinado hacia el otro. También lo encontramos cuando dos sujetos inmersos en una conversación, uno de ellos, o los dos, se inclinan relajadamente hacia el otro. Scheflen dice que nos encontramos frente a una clara señal de cordialidad. Si por el contrario, el síntoma fuera de temor, el cuerpo presentaría rigidez y posiblemente distanciamiento. A este conjunto de signos es a los que llamamos lenguaje no verbal; observarlos y desarrollarlos puede proporcionarnos exquisitos y reveladores mensajes; ayuda. Vamos a trabajarla para crecer y beneficiarnos. Ampliar en conocimiento para mejorarnos, y permitirnos ante el otro, tomar decisiones en función del devenir de sus manifestaciones corporales. Conocer es poder. Siguiendo al Dr. Scheflen vamos a ir describiendo aquello que transmitimos, a través de las distintas partes de nuestro esquema corporal: cabeza (rostro, mirada, sonrisa), brazos, manos y piernas.

Aconsejamos que en estos primeros ensayos su denominador común sea prudencia, dado los posibles sesgos que la atención en esta primera etapa le va a presentar. Si le apasiona, podrá comprobar en esta etapa de su vida como orador la belleza que guarda, a la vez de la necesaria prudencia que debe seguir.

a) Cabeza.

No hay manual dónde no deje de insistirse que según sea el estado emocional de un sujeto, así serán sus movimientos de cabeza. Destacamos los tres significativos para nuestro trabajo:

Agresividad, poder. Se manifiesta cuando el sujeto acostumbra a levantar la cabeza mientras lanza la barbilla hacia adelante. Con desafío; superioridad. Para nada le recomendamos que lo lleve a la práctica.

Interés sobre lo que estamos exponiendo. Se revela cuando el interlocutor reiteradamente asiente con la cabeza según va recibiendo frases cargadas de información. Necesario que se ejercite en ello. Cada vez que le pregunten, se interesen por un tema, no dude en llevar a cabo este movimiento de cabeza. Comprobará como esta mímica, relaja al otro al percibir en su gesto, interés por la información que le está dando. Es percibido como: "Estamos tomando nota".

Comodidad, interés y receptividad sobre lo que el otro intenta transmitir. Cuando el receptor experimenta este estado, presenta una tendencia a ladear la cabeza mientras hablamos. Son muchos oradores que lo llevan a cabo de manera natural. Ejercítese si no es su caso, ya que al igual que el anterior, el otro percibe interés, valor para nosotros, a lo que está hablando. Todo cuanto dice es importante para nosotros.

b) Rostro.

En este caso que estamos tratando, es un punto con bajo significado. Lo acompañamos tan solo a nivel de información personal para el orador. El rostro, es la zona del cuerpo donde muchos acostumbramos a iniciar el primer contacto con el otro, llegando al extremo de determinar. En España tenemos el dicho: "la cara es el espejo del alma" y en algunos procesos de selección de personal un rostro hermoso hasta ha llegado a determinar un puesto de trabajo. Los gestos, la mímica, ayudan a mantener la atención. Nos califican cuando hablamos. En el rostro encontrar dos signos que pueden ser de nuestro interés, destacamos:

- Si mientras usted está hablando el interlocutor empieza a **tocarse las orejas** o **mirar la hora en su reloj**, hay una alta probabilidad de que lo que está diciendo ha dejado de tener interés. Desea finalizar la conversación.
- **Taparse la boca mientras se está hablando** son muchos los manuales que lo confirman como una manifestación de querer ocultar un dato o mentir; bien sea por parte del que habla, como del que escucha que no termina de creer.

c) Mirada

Acostúmbrese a mirar a los ojos de los asistentes. La comunicación a través de la mirada ayuda al orador a mantener un contacto activo sobre el auditorio. Es el canal que nos dice que estamos siendo atendidos. El potente regulador de la atención. Si el orador dejar de mirar al auditorio, los asistentes pueden interpretar que han dejado de ser importantes, realidad que se puede traducir en relajarse, dejar de pensar, evadirse, aumentar la probabilidad de iniciar una conversación entre ellos; marchar en última instancia. Una sencilla forma de mantener la atención del recinto, consiste en llevarla a cabo a través de barridos visuales; derecha, izquierda, fondo, primera fila. Todos los asistentes necesitan sentirse los elegidos. Recuerde "oxitocina y dopamina". Si va con su personalidad le aconsejamos que baje del estrado y paséese por el pasillo central del auditorio mientras está impartiendo.

Otro aspecto de la mirada nos lo habla la Programación Neurolingüística (PNL), dónde en su capítulo de atención, afirma que cuando intentamos recuperar información de la memoria, del pasado, o irnos al futuro, nuestros ojos también tienden a orientarse a derecha o izquierda según sea el caso. La mirada está presente en lo que buscamos o sentimos.

Cuando se está exponiendo, el no mirar directamente a los ojos del auditorio, puede ser interpretado como una muestra de engaño y/o timidez, por ello en el capítulo de presentación aconsejamos que constantemente se esté mirando al público. Ensaye permanecer atento a los rostros de su público. No mire hacia otro lado cuando le hagan preguntas o le estén hablando, aunque para usted esa información no sea importante o inclusive simple. Puede ser interpretada como hastío o suspicacia y solo usted es el perjudicado. Tal vez no vuelva de nuevo a tener la oportunidad de ser preguntado por esa persona…. ni por nadie; aproveche el momento para centrarse en él; dele toda su atención. Usted es un orador. Un profesional de la comunicación. Recuerde: mirada, sonrisa, postura y orientación.

d) Sonrisa

La sonrisa es la estrella de nuestro lenguaje no verbal y siempre es bienvenida. Contagia en todo momento, tiende a la atracción y siempre induce en el otro; emociones positivas. Genera vínculo y desbarata toda percepción de amenaza si va acompañada del binomio; humildad/respeto. Si es cierto que los tres estímulos primarios: comida, reproducción y huida, mueven al mundo; la sonrisa es la gasolina que lo hace posible. Son tan importantes sus implicaciones en nuestras vidas que se requiere ahondemos en ello. Para empezar a abordarlo, diremos que el niño ya sonríe en el útero materno y que en sus primeros años de vida es una expresión que repite una media de cuatrocientas veces al día. ¿Aún nos extrañamos del poder de atracción de nos produce un niño? Pero además; el ejercitarla fuerza al azar hacia nuestra felicidad. ¿Quién da más?

Para su estudio, ya a finales del siglo XIX se estableció la sonrisa de Duchenne como sonrisa "modelo", en honor al médico Guillaume Duchenne (1806-1875) que la etiqueto como "la sonrisa natural o genuina" por ser ésta la que mejor representa el goce. Como se aprecia en la fotografía, presenta los siguientes hechos morfológicos diferenciales: produce arrugas junto a los ojos, la boca presenta un medio arco, y se muestran los dientes a la vez que se elevan las mejillas. Dada su importancia dentro de la comunicación y el número de investigaciones que se han llevado a cabo, pasamos exponer todos aquellos beneficios que reporta su práctica diaria. El fin no es otro que alentarle a que forme parte de su vida.

Sonrisa como fuente de felicidad.

La ciencia lo ha corroborado. Estamos hablando del **sistema propioceptivo**, de ese conjunto de receptores sensoriales y terminaciones nerviosas, localizados en todo nuestro cuerpo: músculos, articulaciones, tendones y aparato vestibular, que al ser estimulados nos proporcionan información sobre el movimiento del cuerpo, considerándolos como subsistema de interorreceptores, lo que hace que también se nos den información sobre presión sanguínea, temperatura corporal, dolor, hambre y sed entre otros. Lo hermoso de este hallazgo, es que es un sistema bidireccional, es decir, que al igual que una emoción tiene su manifestación en el cuerpo a través de mirada, postura y gestos, si voluntariamente decidimos adoptar esa misma mirada, postura y gestos, nuestro cerebro "sentirá" de igual manera. La fuente de información presenta dos orígenes: el cerebro informando, ordenando al musculo u órgano, a la vez que el miembro llevando a cabo esa información/orden al cerebro. Es un hallazgo que se ha trasladado para ser utilizado como herramienta en terapia de conducta. Si a través del gesto, la postura y la escritura podemos predecir datos sobre el estado personal de un sujeto, trabajando estos, también podemos modificarlos. Ejemplos de ello lo encontramos en la aplicación de programas que tienen como base la grafía, posturas y lenguaje. Qué el cuerpo adopte la alegría como lenguaje, irremisiblemente nos va a conducir al gozo, y como dice Jack Lawson, autor de "La droga de la felicidad" una persona sonriente tiene más probabilidades de ser feliz. Difícil sonreír y sentir miedo –recordemos que el miedo y la confianza utilizan idénticos circuitos- Solo por el simple hecho de sonreír; tendemos a confiar. Pero ¿por qué?; pues porque el cerebro que es ciego, al recibir la información que están enviando los músculos de la cara, lo trasduce en alegría, activando al unísono el sistema endocrino que a continuación emprende la segregación de oxitocina, dopamina –ya conocidas- y endorfina; la droga de la felicidad.

La sonrisa contagia.

En la investigación que llevo a cabo el Dr. Robert B. Cialdini psicólogo social conocido por sus estudios sobre la persuasión, demostró entre otras, que cuando contemplamos una sonrisa, nuestro organismo responde con "alegría". Alegría que al ser usted su fuente, el otro siempre lo llevara consigo formando así, de esta manera, parte del estereotipo que se ha construido sobre usted. Sonriamos y nos encontraremos mejor. Nos ven sonreír y sonrieran. ¡Se sentirán bien!

Más adelante cuando hablemos de las aportaciones del Dr. Giacomo Rizzolatti. sobre las neuronas espejo; aquellas que activamos, en este caso, al sonreír y, que en el otro, por el simple hecho de mirar, "por simpatía", al unísono las pone en acción, obligándose a sonreír, aporta que dichas respuestas son independientes del conocimiento que se tenga del interlocutor. No es una cuestión de educación, lo que ocurre es que sonreír contagia. Para usted que es un orador; es su herramienta necesaria.

Cuando sonreímos nos percibimos más contentos.

El Dr. Fernando Marmolejo-Ramos, psicólogo investigador en cognición humana y artificial de la Universidad del Sur de Australia, junto con su equipo, invitaron a ciento veinte estudiantes -cincuenta y cinco hombres y sesenta y cinco mujeres- a hacer la siguiente prueba: un grupo tenía que colocarse un lápiz entre los dientes, otro solo colocárselo entre los labios y el grupo de control no llevar ningún lápiz en la boca. Acto seguido todos debían contemplar vídeos de nubes de puntos móviles que imitaban el movimiento humano. Los probandos tenían que decir si veían un modo de caminar alegre o triste. El mismo procedimiento se repitió con expresiones faciales que pasaban continuamente de alegría, neutralidad, a la tristeza.

Se puso de manifiesto que tener un lápiz entre los dientes influía en la percepción de la realidad, favorecía las expresiones faciales de alegría y consideraban alegre los movimientos.

El Dr. Fernando Marmolejo-Ramos apunta que "cuando nuestros músculos nos dicen que estamos contentos, también vemos el mundo a nuestro alrededor con buenos ojos"[2].

Fuente de confianza.

En la investigación que llevaron a cabo Jörn P.W Scharlemann,' Catherine C Eckel, Alex Kacelnik y Rick K Wilson (2001)[3], sobre cooperantes, comprobaron que al expresarse con la sonrisa Duchenne, la imagen que trasducian al cerebro provocaba confianza. Un 10% eran más propensas a confiar. En sentido inverso, si lo que se pretende es "guardar distancias", un camino claro es no sonreír.

Herramienta para el perdón.

A tenor de que siempre se ha contemplado que una sonrisa invita a ser más permisivo ante una falta. En 1995, los investigadores Marianne LaFrance y Marvin A. Hecht, del Boston College, llevaron a cabo un estudio en donde demostraron que no solo una sonrisa de Duchenne atenúa una sanción, sino que es válida ante cualquier sonrisa; inclusive la falsa[4]. Y hablando de

---

[2] https://doi.org/10.1027/1618-3169/a000470
[3] https://econpapers.repec.org/article/eeejoepsy/v_3a22_3ay_3a2001_3ai_3a5_3ap_3a617-640.htm
[4] http://psp.sagepub.com/content/21/3/207.full.pdf

perdón, los investigadores Keltner, Dacher, Buswll y Brenda N. (1997) [5]comprobaron que sonreír y bajar la mirada con arrepentimiento, acelera el perdón y provoca empatía.

Llave resolutiva.

Los investigadores Kareem J. Johnson, Christian E. Waugh y Bárbara L. Fredrickson, (2010), en un estudio llevado a cabo con estudiantes, constataron que aquellos que sonreían obtuvieron una mayor puntuación en las tareas. Falta por conocer si por ser motor de agilidad mental o por la percepción positiva que despiertan en el profesor. Variables que habría que trabajar. Mientras se constata: ¿Se quedó usted bloqueado en medio de su clase?: ¡sonría! [6]

Como antibiótico.

El estudio que a continuación se presenta confirma como el sonreír libera endorfinas y serotonina entre otras hormonas, a la vez que es un vasodilatador al estar asociada al euestrés, "estrés positivo"[7]. También es un reductor, al bloquear en muchos casos tanto a la adrenalina como al cortisol. Constatamos que la sonrisa es un admirable y económico antibiótico. El enlace que a continuación se presenta corresponde al estudio sobre los niveles de estimulación que puede provocar en el organismo el estar rodeado de gente sonriendo. Según los investigadores, sonreír hasta puede llegar a equivaler para nuestro organismo a estar comiendo chocolate o recibir dinero.

La sonrisa y la vista como poder de seducción.

En el siguiente estudio, los psicólogos Debra G., Walsh y Jay Hewitt[8], constataron el impacto que tiene en el hombre la sonrisa y la vista de una mujer: si solo interviene la vista, el impacto llega

---

[5] http://psycnet.apa.org/index.cfm?fa=buy.optionToBuy&uid=1998-04949-006
[6] http://www.tandfonline.com/doi/pdf/10.1080/02699930903384667
[7] http://www.scotsman.com/news/one-smile-can-make-you-feel-a-million-dollars-1-738272,
[8] http://psycnet.apa.org/psycinfo/1987-07210-001,

a un 20%, pero si a la vista incorporamos la sonrisa, la señal aumenta hasta un 60%. Definitivamente no debemos dejar de sonreír. Como estamos viendo; todo son ventajas.

Como generador de riqueza.

En el estudio que llevaron a cabo Tidd, Kathi, L. Lockard y Joan S.[9], en el sector de Hostelería, demostraron que las camareras que más propinas obtenían, eras aquellas que, en cada interacción con los clientes, sonreían. Como estamos comprobando, la sonrisa es un perfecto siempre generador de emociones gratificantes. Proyecta en los otros esquemas de honradez, confianza y ayuda.

Sonrisa y vejez.

El enlace que a continuación mostramos[10], forma parte del estudio llevado a cabo sobre la posible correlación de la sonrisa con la ancianidad. El trabajo se centró en estudiar la posible correlación entre las fotografías de sujetos sonrientes de orlas y años vividos. Para ello se recopilaron todas las orlas correspondientes a los deportistas de la liga norteamericana del año 52, y comprobar su paralelismo con los años que vivieron. El grato resultado fue que los que aparecieron sonriendo, vivieron un promedio de siete años más con respecto a los que presentaron un gesto adusto. Es probable que existan otras variables que incidan en la longevidad, pero no deja de ser un estudio positivo. Recuerde que a partir de ahora, siempre que le vayan a hacer una fotografía tenga en cuenta este estudio y ¡¡Sonría!!

Sonrisa y matrimonio.

El enlace que a continuación les acompaño[11], habla del estudio que llevaron a cabo para conocer la posible correlación que

---

[9] http://psycnet.apa.org/psycinfo/1979-28605-001.
[10] http://pss.sagepub.com/content/21/4/542
[11] http://link.springer.com/article/10.1007%2Fs11031-009-9124-6#/page-1%20,

puede existir entre sonreír y satisfacción matrimonial. Aunque parezca que para nada deben guardar un paralelismo, hay que decir que se confirma la reciprocidad. Aquí también el trabajo consistió en analizar fotos de orlas de fin de carrera a lo largo de tres décadas y su correlación con "nivel de satisfacción general en el matrimonio". Una vez contactados con los sujetos, la sorpresa con que se encontraron fue que, aquellos que presentaban una sonrisa de Duchenne, en la orla, su grado de satisfacción era mayor. Parece que hay que rendirse a las evidencias; definitivamente la sonrisa debe formar parte de nuestro estilo de vida.

e) Brazos.

Lo hemos incorporado al ser un elemento imprescindible dentro del lenguaje no verbal, aunque no necesariamente imprescindible para el trabajo que estamos hablando. Sigamos al ser de interés.

Nuestras extremidades superiores, siempre han sido elemento de comunicación, Nos acompañan en toda conversación, por ello es importante que hablemos del uso que hacemos, de las distintas posturas que adoptamos ante cualquier interacción: cuando los cruzamos, los colocamos detrás, delante; o el clásico gesto de levantarlo para "mirar la hora" cuando una conversación ya ha dejado de interesarnos. Al margen de las respuestas que aleatoriamente nos puedan dar los sujetos ante la pregunta del por qué en determinados momentos cruzan sus brazos; los expertos apuntan de que estamos ante una barrera, un gesto donde claramente nos están manifestando alejamiento, disconformidad, o protección, bien con la "situación" que en ese momento se está viviendo, o con la conversación que se está mantenido. Sea lo que nos estén diciendo, la realidad es que estamos "ante un terreno que no es neutro". Detectada esta realidad urge cambia de tema o dar por finalizada la conversación. Vamos a comentar tres mensajes que se dan además de cruzar los brazos. Las recomendaciones de especialistas que nos hablan de desacuerdo y/o rechazo, bien por agresividad o desencanto:

- En momentos de vulnerabilidad, proporciona seguridad el **unir las manos por delante.**
- Una postura defensiva y también orgullosa, se manifiesta al tener los **brazos cruzados y con los pulgares hacia arriba.**
- Cuando se está en un ambiente de confianza, alejado del miedo, el sujeto presenta una tendencia a **unir las manos por detrás de la espalda.** Los expertos hablan de que hemos dejado sin protección nuestros órganos vitales.

f) Manos.

Las manos, sonrisa y voz son las reinas del lenguaje. Sus registros son tan extraordinarios que en la historia del habla siempre se le ha dado el puesto primigenio. Palabra y manos están unidas "físicamente". Se sabe que, a nivel neurológico, cuando se inicia una comunicación exclusivamente con las manos, de igual modo se activan las neuronas del área de Broca; las mismas que son estimuladas con el habla, es por esta razón que los comunicadores aconsejan apoyarse en ellas en toda locución, al ser la ayuda necesaria a desbaratar bloqueos y mejorar nuestra fluidez verbal. Nos hará olvidar la consabida frase "la tengo en la punta de la lengua". Para el caso que nos ocupa que es la impartición de una conferencia queremos destacar el hecho de cuando se manifiesta una verdad, un proyecto que se va a cumplir, tendemos a mostrar **la palma de las manos.** Su conocimiento hace que sean muchos los sujetos que para su interés lo lleven a cabo.

g) Piernas.

Las piernas dentro del lenguaje no verbal, juegan un papel que necesitamos conocer. En función de cómo estén colocadas, el mensaje a transmitir será otro.

   i. Si quién está frente a usted tiene el **pie adelantado,** la señal a transmitir es que lo está valorando, que lo considera de interés. Igualmente, si usted desea ser significativo, adquiera el hábito de orientar su pie hacia la persona seleccionada. Acostúmbrese a prestar atención a esta disposición. Si los pies de su interlocutor están orientados hacia la mesa de café o hacia la puerta de salida: ¡Ya puede empezar a prepararse!

ii. Al igual que sucede con los brazos, unas **piernas cruzadas**, están hablando de falta de interés, cerrazón a la información e inclusive, preocupación por lo que están escuchando; motivo que les ha llevado a una actitud defensiva.

En el estudio llevado a cabo por el matrimonio de investigadores Allan y Barbara Pease, -les aconsejamos que dediquen un tiempo a escuchar sus vídeos[12]- comprobaron que en una conferencia, los asistentes que escuchaban con los brazos y piernas cruzados, al ser preguntados sobre el contenido de la ponencia, tenían dificultad de concretar. Respondían con evasivas del tipo: "ha estado interesante", "ha sido un punto de vista atractivo". El resultado de la encuesta fue que el nivel de información que habían adquirido era mínimo acompañado de un deseo de no seguir con la conversación.

i. Cierta timidez, temor, preocupación, quizás introversión, se puede denotar con las personas que están **sentadas con las piernas enroscadas.**

ii. Es corriente en los hombres, verlos sentados **con una pierna apoyándose en la otra.** Tan solo es a una postura cómoda, y/o dispuesta para entablar una conversación.

iii. A veces ocurre sobre todo a los hombres, que acostumbran a mantener una conversación con **las piernas separadas.** Informan los expertos que cuando esta postura aparece, posiblemente estemos frente a una persona que se siente con cierto poder.

iv. Cuando las plantas de los pies se presentan exageradamente abiertas, la imagen que se puede transmitir corresponde a la

---

[12] https://www.youtube.com/watch?v=ZZZ7k8cMA-4

de **confiado, ingenuidad, simpleza.** El clásico estereotipo de esta conducta se llevó a la pantalla con el personaje de Charlot que inmortalizó Charles Chaplin.

Conocer estos lenguajes nos puede ser de ayuda. Practiquemos y observemos. Es una comunicación no controlada directamente por el córtex, y que con práctica nos pueden ser de inestimable ayuda. De nuevo le reiteramos la máxima que desde el principio de este libro hemos escrito: ahora que lo conoce, practique hasta hacerlo "suyo", hasta que llegue a formar parte de su costumbre más cotidiana. Hacerlo hábito.

NEURONAS ESPEJO Y PENSAMIENTO.

Si hablamos de comunicación, consideramos necesario incorporar este estudio, sus descubrimientos a la par que herramientas para hacer de usted un magnifico orador. Como ya le comentábamos en el capítulo **"Cómo preparar la exposición"**. Nos estamos refiriendo al descubrimiento de las Neuronas Espejo llevada a cabo el Dr. Giacomo Rizzolatti[13], (Kiev, 1937) y que en reconocimiento recibió el Premio Príncipe de Asturias de Investigación Científica y Técnica en el año 2011. Entrenarse para ello es una de las llaves que nos va a garantizar capacidad de "unión" con el auditorio. Este neurobiólogo italiano, investigador en la Universidad de Parma, trabajando con macacos, al colocar electrodos en el prefrontal y lóbulo parietal de estos, comprobó cómo al ejecutar una acción el macaco alfa, el resto de observadores estimulaba idénticas neuronas con solo mirar el hecho que estaba llevando a cabo. Es decir que tanto el macaco que realizaba la acción, como los que observaban estimulaban idénticas neuronas. Las mismas tanto el que ejecuta como el que observa, lo que dio pie a que se empezará a hablar de neuronas

---

[13] Fotografía tomada de
http://psychologyinrussia.com/upload/iblock/799/Giacomo_Rizzolatti.jpg

espejo. Por primera vez se pudo constatar lo que hoy hablamos del aprendizaje vicario, y lo que esto representa para la interacción del formador con el grupo. A tenor de esta realidad, han sido otros investigadores los que se han sumado a este descubrimiento ampliándolo. Uno de ellos para nuestro interés es el Dr. Vilanayur S. Ramachandran[14], de la Universidad de California (Los Ángeles) (Tamil Nadu, India 1951-), que afirmó: **"El descubrimiento de las neuronas espejo hará por la psicología lo que el ADN por la biología"** El País, Futuro, 19 de octubre de 2005. Partiendo del estudio de estas neuronas, replicó estos saberes en humanos, trasladándolo al aprendizaje, comprobando cómo un grupo de neuronas de nuestro cerebro se activan, por ejemplo: en el momento en que observamos cómo un sujeto se da un golpe en la mano o se corta, y los que en ese momento estaban observando, sentían la misma experiencia. Este hallazgo nos permite explicar que nuestros antepasados desarrollarán el aprendizaje por imitación, la capacidad de "ponerse en lugar de", de deducir intenciones llegando a darle un sentido a frases como "ya veo lo que quieres decir". Predecir comportamientos de otros y como consecuencia el acceso a la comprensión del otro. Las responsables, no de leer la mente, pero sí de deducir intenciones y predecir comportamientos de los otros. Esto ocurre al haber

activado el receptor las mismas neuronas que el emisor. Ramachandran sugiere que estas neuronas podrían ser la explicación de la empatía, el aprendizaje por imitación y la evolución del lenguaje. A tenor de este descubrimiento, dio a luz la tesis doctoral de Ángel Lago Rodríguez (2012)[15] titulada Funcionalidad del Sistema de Neuronas Espejo en los procesos de Aprendizaje Motor por Observación, demostrando que combinando observación de un modelo y ejecución de la acción a aprender, durante el periodo de práctica motriz, se provocan alteraciones en la respuesta mostrada por el Sistema de Neuronas

---

[14] Fotografía tomada de https://www.psicoactiva.com/wp-content/uploads/blog/2014/08/Vilayanur-Ramachandran1.jpg
[15] https://core.ac.uk/download/pdf/61909578.pdf

Espejo durante la observación de la acción previamente practicada. En el campo de la gerontología –tema en el que actualmente trabajamos- existe un claro interés en comprobar la posible correlación entre la observación de un ejercicio motor llevado a cabo por un monitor y la estimulación del mismo grupo muscular del adulto mayor, activado por el simple hecho de estar contemplando el ejercicio que se está llevando a cabo.

Para concluir este apartado de las NE hay que hacer referencia al director de teatro inglés Peter Stephen Paul Brook[16] (Turnham Geen 1925 -) Premio Princesa de Asturias de las Artes en 2019. Gran renovador del teatro actual –prácticamente ha incidido en casi todos los estilos- además de director de cine. Paul Brook nos aporta una nueva e inestimable información: **si no hay una intención no se activan las NE.** Cada acción que se desarrolla en la escena desencadena una resonancia física en el espectador. Esto ya lo sabíamos por el Dr. Rizzolatti, la novedad estriba en que, si alguien dice algo y no tiene intención de hacerlo, las neuronas no se activan en el observador. Es decir que, si decimos que vamos a hacer algo, pero en verdad no pensamos llevarlo a cabo, nuestras neuronas no son estimuladas y como consecuencia tampoco en los que escuchan. Si un directivo manifiesta a sus colaboradores que va a tomar una decisión respecto a un tema que afecta al grupo, y no va a hacer nada o duda al respecto; ningún empleado lo va a introyectar porque no se lo va a creer. Decir el orador que el tema que está exponiendo es importante cuando piensa todo lo contrario, miente; va a ocurrir lo mismo, es decir, no basta con realizar una manifestación al grupo; el orador debe estar convencido de que lo que dice es verdad. Y entonces sí que transmitimos; entonces sí que excitamos las neuronas del otro. Entonces sí que conectamos con el otro.

---

[16] Fotografía tomada de
https://es.wikipedia.org/wiki/Peter_Brook#/media/Archivo:Peter_Brook.JPG

Gracias a Paul Brook, podemos comprender la diferencia entre un buen/mal actor. Eso que llamamos implicarnos en el "papel". Esos actores que manifiestan un sentimiento y nunca nos lo creemos. Qué decimos que están interpretando porque es imposible creerles. La otra aportación que nos hace es que, **si la comunicación es total, si concurre una total identificación del que escucha con el que habla, automáticamente se deja de razonar y todo lo que diga el formador es aceptado sin pasar por ningún filtro por el receptor. Si el receptor cree; las barreras no existen. Se convierte en un fiel seguidor. No necesita razonar.** Para ello se requieren todo el proceso de trabajo. Muy interesante para el tema que estamos tratando. Lo vamos a desarrollar con ejercicios.

Gracias a esta realidad vamos a tener la oportunidad de adquirir nuevos aprendizajes. Nuestro orador debe ser el punto de atracción y recordar:

- Debe ser coherente entre lo que dice y piensa.
- Al hablar debe estar orientado al auditorio. Al responder; orientado al otro.

Hasta lo dicho no estamos diciendo que el/los otro/s van a descubrir nuestros pensamientos, tan solo que estamos activando idénticas neuronas, generando información "de fondo" imposible hoy de controlar, al incorporar otras variables como son: biografía, situación actual y expectativas. Tenga presente que vemos, escuchamos según pensamos, y solo en función de ello actuamos. Reflexionemos: ¡De que nos sirve el talento si fallamos en el talante! ¿De qué sirve un brillante currículum si la disposición natural, la voluntad y el deseo no están acorde con el medio?

Pensamiento.

Acabamos de leer "el cómo estamos pensando" puede condicionar el pensamiento del auditorio. Vamos a dar un paso más; ahora vamos a hablar como nuestra forma de pensar, opinar sobre el grupo, también le está repercutiendo en su organismo. El orador, en cierta medida también es un sanador. Para ello vamos a hablar de una nueva investigación donde se confirma como

nuestro pensamiento, nuestras palabras están afectando al cuerpo del que nos está escuchando. Nos estamos refiriendo al doctor Masaru Emoto[17] (Yokohama 1943 – 2014 Tokio). Nuestro cuerpo en estado adulto está compuesto por un 60/70 % -según edad- de agua, curiosamente al igual que la superficie de nuestro planeta. El hombre desde tiempo inmemorial ha buscado los efectos terapéuticos del agua –saunas, balnearios, etc.- pero el concepto de "curar" que sobre el agua tenemos cambió en 1994, cuando el doctor Masaru Emoto empezó a preguntarse el por qué dos muestras de aguas con idéntica composición química, transparencia y pureza, presentan distintos resultados al ser aplicados dentro de un proceso terapéutico. Pregunta que le llevó a investigar sobre la variable que le faltaba que no era otra que su estructura molecular. Para ello cogió muestras de los más dispares lugares: balnearios, aguas de ríos, estanques y Spas urbanos, las congeló y al observar el resultado a través del microscopio y fotografiarlas descubrió una estructura diferente. El agua era la misma y sin embargo su estructura no. De la pregunta que se formuló surgió la hipótesis de que la causa podría ser debida a la capacidad del agua para adaptarse al medio, recibir información, memorizarla, y en función de ello estructurarse. Se puso manos a la obra y los resultados fueron sorprendentes. Si al agua la sometía a mensajes positivos, la fotografía que se obtenía era blanca y de forma estrellada[18]. Si la exposición era a mensajes negativos, las formas se volvían atroces, predominando los colores marrones. A

---

[17] http://1.bp.blogspot.com/-IyEMKyQOEeE/VEVK1I4ndII/AAAAAAAADl0/auS0khW0y5U/s1600/emoto_thumb.jpg
[18] Fotografía: Molécula de agua congelada con mensajes positivos.

tenor de esta investigación el Dr. Emoto llegó a la conclusión de que nuestro pensamiento, la intención y la atención que colocamos reiteradamente en ese pensamiento –la atención es energía. La energía ni se crea ni se destruye- son el alma mater de toda nuestra esencia. La ciencia aún desconoce cómo el pensamiento puede afectar a las moléculas, pero el interés que este fenómeno nos despertó al ser comunicadores, de nuevo hizo reflexionar sobre nuestra responsabilidad al hablar en público. Nos estamos refiriendo al poder que poseemos de condicionar, a veces hasta determinar sobre la posterior conducta, receptividad, aprendizaje y posible rechazo. Porque tengámoslo presente; nuestro cuerpo es pura agua en un 60/70%. Si nuestro pensamiento, intención, energía, produce cambios en la estructura del agua y nuestro cuerpo está compuesto por un 60/70 ‰ de agua. ¿Qué estamos transformando? Hijos como somos de una cultura tan específica, cuesta creer que un pensamiento, una palabra, la voz, o hasta el ambiente puedan cambiar las propiedades del agua, pero ¡es tan tozuda la realidad! Estamos frente a una prueba de la fuerza de la mente sobre la materia. El pensamiento actuando sobre el mundo es una auténtica magia, según confirma hoy en día la física cuántica.

Como estarán pensando, la investigación que en su momento llevó a cabo el Dr. Masaru Emoto no fue otra cosa que demostrarnos científicamente, lo que de manera empírica, desde hace años la psicología aplicada y la programación neurolingüística, hablaba sobre el lenguaje no verbal, el pensamiento y la acción. Si queremos desarrollarnos como oradores, es condición sine qua non creer en lo que estamos haciendo, aceptarnos y hacer lo mismo con el otro. Se "abrirán a nosotros en ese momento", comportar como pensamos. Ser humildes, sentir afecto/fe/creer en el auditorio, porque creer es crear y crear es conseguir, conquistar.

PRESENTACIÓN. PRIMERAS PALABRAS.

Buenos días/tardes/noches. Antes de empezar mi exposición quiero expresar que es para mí un honor tener la oportunidad de dirigirme a este distinguido auditorio para hablarles sobre.......-nombre del a conferencia-, Honor que me brinda esta Universidad, Asociación, Instituto, Cámara, etc. –diga el nombre de la Institución-. A D. ...., a continuación el puesto/cargo: Rector, gerente, director de **RR. HH.** Continuando con los nombres de todo el resto de presentes en la mesa respetando jerarquía –si es más de una- que han hecho posible el que usted esté impartiendo la ponencia, - nombrar todos sus datos completos: nombre, apellidos, titulación y cargo- y a la generosidad de D.........aquí debe nombrar a la persona que directamente ha insistido en favorecerle, cercana o no a usted. La que ha sabido convencer. La que por grandeza de espíritu, ha hecho posible que pueda presentar su ponencia. Hacer realidad su sueño. Que quizás también está a su lado en la mesa, y en muchos casos quien le va a presentar. Nombra todos sus datos completos: nombre, apellidos, títulos y cargo.

El vínculo.

Podemos hablarles: Me ha llenado de entrañables recuerdos llegar a esta ciudad de México. En mis años de Bachillerato, cuando nuestro profesor de Historia nos hablaba como el Dr. Balmis, -nacimos en la misma ciudad-, junto con la enfermera Zendal dirigió la Real expedición filantrópica de la vacuna (1803), haciendo desaparecer en toda Hispanoamérica y Filipinas por fin, una enfermedad incurable hasta ese momento como era la viruela. La emoción que sentí ayer cuando me llevaron a tomar unos vinos a un restaurante asturiano, justo al lado del Hospital General donde tantos años ejerció como cirujano, y leer para mí asombro en una de las placas de la esquina, que me encontraba precisamente en la calle del Dr. Balmis. ¡Qué agitación, alianza, se puede llegar a experimentar de algo tan simple cuando te encuentras a tanta distancia!

Decir: Ayer, cuando me llevaron a conocer la ciudad, entramos en la Mitad del Mundo y cuál fue mi grata sorpresa contemplar a toda la expedición científica hispano-francesa que vino a la Real Audiencia de Quito formando en columna de a tres. Al frente de la misma ustedes habían plantada la escultura del científico —entre otras- Jorge Juan y a su derecha, al astrónomo y descubridor del platino, Antonio de Ulloa. Hice el Bachillerato en el Instituto Jorge Juan de Alicante y como imaginar cuando estudiábamos su vida, que este alicantino, amigo de Caspicara fuera para ustedes tan significativo; hasta el extremo de ponerlo en el puesto de máximo honor. Al frente de todos.

UNA ÚLTIMA PALABRA.

Si le interesa los temas que trabajo, en el siguiente enlace podrá encontrar los libros:

Formador de Formadores. Docencia de la Formación

Después de la dieta: Importancia de las emociones. Resistencia a perder peso.

BIBLIOGRAFÍA

1. Alles, M. (2017) *Dirección estratégica de recursos humanos.* E. Granica. Orix. Barcelona.
2. Allport, G. (1954). *The nature of prejudice,* Reading, MA: Addison-Wesley.
3. Alvarez, G. (2012). El arte de presentar: cómo planificar, estructurar, diseñar y exponer presentaciones. Gestión 2000.
4. Aristóteles (2005) *El arte de la retórica.* Buenos Aires, Eudeba.
5. Ashomore, R.D. y Del Boca, F.K. (1981). Conceptual approaches to stereotypes and stereotying. En Hamilton, D.I. (ed), *Cognitive processes in stereotyping and intergroup behavior,* Hillsdale, NJ: Erlbaum.
6. Ayensa, A.M. (2018) *Gestión de recursos humanos.* E. Paraninfo. Madrid.
7. Barthes, r. (1974). *Investigaciones retóricas.* Buenos Aires. Tiempo Conteporaneo.
8. Bloch, A. (1991). *La ley de Murphy.* E. Temas de hoy. Madrid.
9. Brehler, R. (1999). El Libro de Prácticas de Oratoria Moderna. Editorial El Drac.
10. Byham, Tacy, M., Wellins, Richard. S., (2017) *Tu primer trabajo como líder. Cómo un líder catalizador obtiene lo mejor de los demás.* E. Granica, S.A. México.
11. Chiavenato, L. (2006) *Introducción a la teoría general de administración.* 7ª ed. Corea, McGraw Hill.
12. Cicerón (1991). *Retórica a Herenio,* Barcelona. Bosch.
13. Donovan, J. (2013). Método Ted para hablar en público. Ariel.
14. Duarte, N. (2012). Resonancia: cómo presentar historias visuales que transformen a tu audiencia. Gestión 2000.
15. Duchenne, G. (1990). *The Menchanism of Human Facial Expression.* N. York: Cambridge University Press. Reedición del trabajo original del año 1862).

16. Escudero, A. (2018). *Curación por el pensamiento,* Valencia. Noesiology & Noesitherapy SL.

17. Gutman, L. (2002). ¡Qué hable, qué hable! Ediciones Robinbook.

18. Hernandez, J.A. (2010). Las estrategias psicológicas de la retórica. *Instituto Superior de Estudios Lomas de Zamora (ISEL)* Tomado de http://isel.edu.ar/assets/las_estrategias_psicologicas_de_la_r etorica.pdf. Consulta: abril.30.

19. Kawasaki, G. (2013). El arte de cautivar. Ed. Booket.

20. Kareem J. Johnson, Christian E. Waugh y Barbara L. Fredrickson, (2010). La sonrisa abre el bosque: las emociones positivas amplían la cognición.

21. Lippman, W. (1922). *Public Opinion.* Londres, Allen and Unwin.

22. López, A. (2000). *Esencia y objeto de la retórica.* Salamanca. Universidad de Salamanca.

23. López, A. Parada, A. y Simonetti, F. (1998) *Psicología de la comunicación: texto y ejercicios,* Bogotá, Alfaomega.

24. Martínez Selva, J.M. (1998). Guia práctica para Hablar bien en público y comunicarse eficazmente. Editorial Fundcrea. Alicante.

25. Maxwell, J. (2011) *Las 21 leyes irrefutables del liderazgo.* Grupo Nelson. México.

26. Mintzberg, H. (1991) *Mintzberg y la dirección.* Madrid. Díaz de Santos.

27. Morcillo, R. (2021) *Formador de formadores. Docencia de la formación,* Alicante. R. López.

28. Palafox; J. Pérez. F., Cubel, A., Valero, S. y Villarreal, E. (1997). *Capital Humano, Educación y Empleo en la Comunidad Valenciana.* Fundación Bancaja. Valencia.

29. Pimentel, M. (2015). Escuela de Oradores. Editorial Empresa EC.

30. Randstad research. *http://research.randstad.es/informe-absentismo-laboral-marzo-2018.* Consulta: agosto 2018.

31. Reynolds, G. (2009). Presentación zen: ideas sencillas para el diseño de presentaciones. Prentice Hall.

32.Rousseau, J.J. (2006) *Ensayo sobre el origen de las lenguas*. México. Fondo de Cultura Económica.

33.Scheflen, A.E. (1973). Communicational structure; analysis of a psychotherapy transaction Hardcover.

34.Studer, J. (1999). Guia Práctica de Oratoria. Editorial El Drac.

35.Tajfel, H. (Ed) (1978). *Differentiation between social groups*. Londres: Academic.

36.Zak, P.L., *La molécula de la felicidad. El origen del amor, la confianza y la prosperidad*. (2012). Ed. Indicios. Barcelona.

Si está interesado/a en mantener una primera consulta totalmente gratuita, puede escribir al WhatsApp de Terapias, en España.

Gracias por su confianza.